Collection Santé Psycho-Sociale

Michael Reicherts

L'entretien psychologique et le counselling

De l'approche centrée sur la personne
aux interventions ciblées

2ème édition révisée

Avec la collaboration de Laurence Defago

EDITION
ZKS ■

Impressum

CIP-Titelaufnahme der Deutschen Bibliothek
Michael Reicherts
L'entretien psychologique et le counselling –
De l'approche centrée sur la personne aux interventions ciblées

Collection Santé Psycho-Sociale
Directeur : Prof. ém. Dr. Michael Reicherts

Coburg: Edition ZKS-Verlag
Tous droits réservés.

© 2015 Edition ZKS-Verlag

Cover-Design : Leon Reicherts
Rédaction technique : Tony Hofmann

ISBN 978-3-934247-78-9

L'édition ZKS est la filière francophone de la "ZKS-Verlag", une structure au sein de la "Zentralstelle für Klinische Sozialarbeit (ZKS)"
UG (haftungsbeschränkt), HRB Nummer 5154
Directeurs : Prof. Dr. Helmut Pauls et Dr. Gernot Hahn.

Adresse:
Edition ZKS Verlag
Zentralstelle für Klinische Sozialarbeit
Mönchswiesenweg 12 A
D-96479 Weitramsdorf-Weidach

Contact:
info@zks-verlag.de
www.zks-verlag.de/edition-francaise
Tel./Fax (09561) 33197

Associés / Gesellschafter der ZKS :
- IPSG-Institut für Psycho-Soziale Gesundheit (gGmbH) – Wissenschaftliche Einrichtung nach dem Bayerischen Hochschulgesetz an der Hochschule Coburg, Staatlich anerkannter freier Träger der Jugendhilfe, Mitglied im PARITÄTISCHEN Wohlfahrtsverband. Amtsgericht Coburg. HRB 2927.
  Geschäftsführer: Dipl.-Soz.päd.(FH) Stephanus Gabbert
- Dr. Gernot Hahn
- Prof. Dr. Helmut Pauls

L'entretien psychologique et le counselling

De l'approche centrée sur la personne aux interventions ciblées

Le texte repose en partie sur le chapitre :

Michael Reicherts « Ansatzpunkt Therapeut-Patient-Beziehung : Gesprächs-therapeutisch orientierte Psychotherapie », dans « Lehrbuch Klinische Psychologie – Psychotherapie » (pp. 476-498), dirigé par Meinrad Perrez et Urs Baumann, 4ème édition actualisée. Bern : Hans Huber, 2011.

L'auteur :

Prof. ém. Dr. phil. Michael Reicherts, Psychologue diplômé, Psychologue spécialiste en Psychologie de la santé FSP, Département de Psychologie, Université Fribourg / Suisse et Université à distance / Suisse.

Tables des matières

Préface

Nous avons proposé un premier *manuel* accompagnant l'enseignement et les travaux pratiques de l'entretien psychologique et du counselling dès 1998 à l'Université de Fribourg / Suisse. En 2011, une nouvelle version intégrale a été élaborée pour le nouveau module « Entretien – counselling – intervention » dans l'enseignement universitaire à distance, cette fois-ci articulée avec une série d'exercices. Ces manuels ont fait leur preuve dans de nombreux cours et travaux pratiques portant sur la sensibilisation et l'approfondissement des compétences de l'entretien et de counselling à l'Université de Fribourg / Suisse, à Uni-Distance / Suisse, et ailleurs.

Nous avons décidé de revoir cette version de 2011, de la mettre à jour à divers endroits, en tenant compte également d'autres publications récentes dans le domaine (par ex., Hermier, 2013 ; Bioy & Maquet, 2007 ; Pauls, Stockmann & Reicherts, 2013), et en corrigeant un certain nombre d'erreurs et de lacunes. En revanche, sa structure et la plupart de ses contenus ont été maintenus, malgré le fait qu'une autre approche d'un tel manuel serait possible, par ex., sur la base du modèle de l'*Ouverture émotionnelle* (Reicherts, Genoud & Zimmermann, 2012), en tenant compte de l'importance accrue de l'affectivité dans l'entretien et le conseil (par exemple, Reicherts & Pauls, 2013) ou en thérapie cognitivo-comportementale de la « 3ᵉ vague » (Cottraux, 2014).

Ainsi nous avons gardé l'approche centrée sur la personne au centre du concept des *compétences hiérarchisées* pour l'entretien et le counselling – compétences allant des plus élémentaires au plus complexes – et nous l'avons agrémentée de nombreux exemples et illustrations pratiques, y compris des formulations-type et mini-exemples pour diverses situations pratiques. Les concepts des « interventions relationnelles (basiques) » d'un côté et les « interventions ciblées » de l'autre – qui se sont également avérés très utiles dans l'enseignement – sont aussi maintenus dans le présent ouvrage. De même, l'introduction aux concepts et échelles de l'intervention opérationnalisés (chap. 7) permettant d'évaluer les énoncés du client et du conseiller est restée la même, eu égard à son utilité dans la formation de base et le fondement scientifique de l'approche centrée sur la personne et du counselling.

L'introduction aux interventions cognitivo-comportementales, d'un intérêt particulier dans le counselling, reste inchangée dans cette nouvelle édition. Nous nous sommes contentés d'y présenter une sélection abrégée des méthodes et techniques les plus importants sous forme d'esquisse. Il existe nombre d'autres publications pertinentes et intéressantes pouvant servir de référence approfondie pour la pratique (chap. 9).

Etant donné que la recherche sur l'approche centrée sur la personne et ses nouvelles conceptions – ainsi que sur le counselling – a été quasi pratiquement absente en France pendant des décades, les bases scientifiques du présent manuel proviennent essentiellement des travaux anglo-saxons et germanophones, depuis les années 1970, y compris les travaux de Carl Rogers et de ses collègues.

Nous nous réjouissons de pouvoir publier cette nouvelle édition du manuel en tant que premier ouvrage de la « *Collection Santé Psycho-Sociale* », créée au sein de la nouvelle *Edition ZKS francophone* (http://www.zks-verlag.de/edition-francaise). Nous sommes particulièrement reconnaissants de cette opportunité, car l'édition « ZKS-Verlag » représente aujourd'hui un forum incontournable dans le domaine du diagnostic et de l'intervention, tant en pratique qu'en clinique psycho-sociales. Nous tenons à remercier le professeur Helmut Pauls et le Dr. Gernot Hahn de l'édition « ZKS-Verlag » pour leur intérêt et leur soutien.

Fribourg / Suisse, en février 2015

Michael Reicherts

1. Introduction

Le noyau de l'approche centrée sur la personne (ACP), fondée par Carl Rogers (1942, 1951, 1970, 2005, 2008), est la *relation thérapeutique* ou la *relation d'aide*. Elle se caractérise par des conditions favorisant un changement de la personne, comme la considération positive, l'authenticité et l'empathie. Les interventions thérapeutiques *visant une telle relation* présentent au client une *offre* qu'il peut accepter et à laquelle il peut répondre. Le processus thérapeutique ou de conseil se développe sur cette base et facilite les changements dans le fonctionnement de la personne, au niveau des émotions, des pensées et convictions, et au niveau des conduites du client. Durant ce processus, des *interventions ciblées qui visent des tâches spécifiques*, portant par exemple sur l'approfondissement de l'expérience, sur l'explication des significations personnelles ou sur la confrontation, peuvent engendrer des changements spécifiques chez le client. Ces interventions ciblées ont été proposées par les nouvelles approches dans le but d'une *thérapeutique différentielle* qui s'applique mieux au client et à son trouble et qui réponde mieux au processus thérapeutique afin de rendre plus efficace l'aide offerte.

Désignations de la méthode

L'approche centrée sur la personne de Rogers s'est répandue dans le monde entier et fait partie des *méthodes d'intervention psychologique* les plus fréquemment utilisées. Elle est aussi appelée *thérapie non-directive* (« non-directive psychotherapy »), *thérapie centrée sur le client ou sur la personne* (« client-centered » or « person-centered » therapy) ou encore *psychothérapie par entretien* (« Gesprächspsychotherapie »). Le terme le plus souvent utilisé dans les pays anglo-saxons et dans les pays du Benelux est « client-centered therapy », dans les pays germanophones « *Gesprächspsychotherapie* », et dans les pays francophones « thérapie non-directive » ou « thérapie centrée sur la personne ». Les modèles et approches les plus récents de ce courant sont appelés « thérapie orientée vers les buts », « thérapie visant la clarification », « thérapie dirigée vers le processus » ou le plus souvent aujourd'hui « thérapie focalisée sur l'émotion ».

Etant donné que l'approche originale de Rogers et le présent manuel portent sur deux versants importants – la thérapeutique *et* le counselling – nous utiliserons le terme *« approche centrée sur la personne », ACP*. Cette dénomination et l'acronyme ont été adoptés par l'association professionnelle en Suisse (http://www.pca-acp.ch). En parlant des variantes plus spécifiques, nous utiliserons le terme pertinent.

Thérapie centrée sur la personne et approches « expérientielles »

La TCP fait partie, comme la Gestalt-thérapie, d'une famille plus générale d'approches thérapeutiques appelées « expérientielles ». Ce terme met l'accent sur l'importance de l'expérience individuelle qui fait l'objet de la thérapeutique. L'expérience comprend les processus et les contenus de ce qui est perçu et vécu par la personne dans l'immédiat – l'*ici et maintenant* : les sentiments, les émotions, les motivations, les cognitions, etc. Le processus de l'expérience a lieu dans le cadre de référence spécifique à la personne, au sein des *significations personnelles* qui sont liées à des situations, des personnes, des événements, des actions, etc. L'approche « expérientielle » se démarque ainsi des approches thérapeutiques dites « cognitives » ou « comportementales », ou encore des approches « systémiques », « psychodynamiques » ou « psychanalytiques ».

Les caractéristiques générales des approches « expérientielles »
(d'après Greenberg, Elliott & Liaeter, 1994) :

(1)　Utilisation de la méthode « phénoménologique », se basant principalement sur le processus de la (prise de) « conscience » (« awareness ») et les expériences du patient ; les approches sont orientées vers la « découverte ».
(2)　La relation thérapeutique égalitaire, centrée sur la personne, est centrale pour la thérapie ; valorisation du fait que le patient est « unique » ; le patient est « l'expert » de son expérience.
(3)　Le but est de renforcer le potentiel du patient à accroître, à développer son autonomie, son auto-détermination et sa capacité de choisir.
(4)　La nouvelle « conscience » (« awareness ») et la génération de nouvelles significations sont à la base du changement.

Dans une perspective générale, on peut dire que l'ACP « classique » ainsi que les variantes plus récentes représentent des *approches « expérientielles »* qui reposent sur les caractéristiques générales suivantes (voir encart).

Parmi les *approches expérientielles*, ce sont notamment l'ACP (de Rogers et collègues), la thérapie « focalisée sur l'émotion » (de Greenberg et collègues), ainsi que la thérapie de « orientée vers les buts » ou de « clarification » (de Sachse et collègues) qui sont les plus élaborées au niveau scientifique, et ce non seulement concernant leurs bases théoriques, mais aussi concernant les fondements empiriques de leur efficacité et de leur mode de fonctionnement (*modus operandi*).

Historique – étapes de l'évolution de l'approche

Depuis son apparition, dans les années quarante, il est possible de retracer l'évolution de la thérapie centrée sur la personne selon différentes phases mettant en évidence des développements et des modifications apparues tant au niveau pratique que scientifique (voir aussi Pavel, 1978 ; Lietaer, 1992).

La thérapie non-directive (env. 1940-1950)

Au niveau pratique, cette toute première période se caractérise par une relation thérapeutique bien structurée, mais permissive et sans interventions dirigistes de la part du thérapeute. Elle permet au client de s'explorer et de se comprendre lui-même, de devenir « autonome » pour clarifier ses problèmes sur le plan cognitif et les résoudre. Au niveau scientifique se développent tout de suite les premières hypothèses concernant le processus thérapeutique, sur la base d'études détaillées de thérapies enregistrées – une innovation à l'époque.

La thérapie visant la verbalisation des émotions (1950-1970 env.)

Dès les années cinquante, au niveau pratique, l'accent est mis sur l'auto-exploration du client au niveau affectif et par rapport à son « Self », un concept-clé. Le thérapeute développe le « reflet des émotions » (« reflecting of feelings ») pour parvenir progressivement à une forme d'empathie affective subtile. Au niveau scientifique, on observe d'importants efforts de recherche sur la base du modèle de la personnalité et du fonctionnement psychique développée par Rogers. Des échelles pour les variables thérapeutiques (par ex., « Verbalisation des expériences émotionnelles » ; « Auto-exploration ») et d'autres instruments (Q-Sort pour évaluer la personnalité et ses incongruences) sont développés. S'y ajoutent des études de groupe pour démontrer l'efficacité de l'approche.

La thérapie visant l'expérience et la relation interpersonnelle (à partir de 1957)

A partir de 1957, au niveau pratique, ce sont moins les variables caractérisant le thérapeute que les aspects caractérisant la relation et le processus thérapeutique qui sont ciblés. Un accent particulier est porté sur l'expérience interpersonnelle – entre *personnes* – dans la relation d'aide. Côté scientifique, les études portent principalement sur les processus entre thérapeute et client, en se basant sur le concept d'expérience (l'expérience immédiate, « experiencing »), et en utilisant aussi de nouvelles échelles (p.ex. « experiencing-scale » de Gendlin, 1981).

La thérapie différentielle et la thérapie visant le processus / les interventions ciblées (à partir de 1990 env.)

Enfin, dès les années quatre-vingt-dix, au niveau pratique, des stratégies et des interventions plus ciblées sont de plus en plus utilisées. Le but est de tenir compte plus explicitement du trouble/problème du client, de ses caractéristiques de personnalité, *ainsi que* de la dynamique du processus thérapeutique actuel, en visant surtout l'expérience des affects et des émotions. De plus, on accepte l'insertion « éclectique » d'autres méthodes. Sur le plan scientifique en découle le développement de modèles théoriques différentiels et d'interventions orientées vers des tâches thérapeutiques réalisées en séance (par ex., confrontation, processus explicatif). Plusieurs recherches empiriques contrôlées ciblent l'efficacité et les effets différentiels des interventions spécifiques.
Une nouvelle étape est marquée par la reconnaissance officielle de l'approche thérapeutique comme étant l'une des « trois grandes ». Ainsi, par exemple, depuis 2002, en Allemagne, la « Gesprächspsychotherapie » est reconnue comme procédure thérapeutique à part entière à côté de la psychanalyse et de la thérapie comportementale et cognitive (pour un survol, voir Finke, 2002).

De nouvelles approches (présentées au chapitre 2.5) ont été développées : par Sachse et collègues la « Zielorientierte Gesprächspsychotherapie » (1992, 1996) et la « Klärungsorientierte Gesprächspsychotherapie » (Sachse & Schlebusch, 2006 ; Sachse, Breil, Fasbender & Püschel, 2009) – et par Greenberg et collègues la « Process-Experiential Psychotherapy » (Greenberg & Paivio, 1997 ; Elliott & Greenberg, 2002) et l' « Emotion-Focused Therapy » (Greenberg, 2007; Elliott, Watson, Goldman & Greenberg, 2004).
Ces approches sont *dirigées vers le processus* : la relation thérapeutique reste le noyau de la thérapie, mais les stratégies d'intervention sont choisies en fonction du tableau du trouble et les problèmes du traitement interne du client – et selon le processus actuel tel qu'il se présente en séance. Les interventions ciblées sont décisives : le travail émotionnel initié par une stratégie spécifique et dépendant du type de trouble est intensifié et de nouvelles stratégies de gestion sont initiées, pour finalement être intégrées dans l'expérience du Self du client.

Extrait d'un entretien (Rogers, 1942 ; 2008)

C1   Je n'ai pas parlé de tout ça dans mes lettres à mes parents. Dans le passé, ils ne m'ont été d'aucune aide à ce point de vue et si je peux les laisser en dehors de ça le plus possible, je le ferai. Mais il y a une petite question de notes à expliquer et elles ne sont pas bonnes et je ne sais pas comment je vais faire pour régler ça sans leur en parler. – Me conseilleriez-vous de leur parler ?

T1   Si vous m'en disiez un peu plus sur ce que vous en avez pensé.

C2   Eh bien, je pense que j'y suis obligé, parce que...

T2   C'est une situation à laquelle vous devez faire face.

C3   Oui, c'est pas la peine de tourner autour de la question, même s'ils ne peuvent pas la prendre comme il le faudrait ; j'ai déjà échoué à l'épreuve de gymnastique ; je ne suis pas venu, tout simplement. J'ai été négligeant. Or ils savent qu'on ne peut pas échouer en gymnastique sans être négligeant. Ils me demanderont pourquoi...

T3   Cela sera assez dur pour vous de leur dire.

C4   Oui. Oh, je ne sais s'ils vont me... déclarer coupable. Je pense que oui, parce que c'est ce qu'ils ont fait jusqu'à présent. Ils ont dit : « C'est ta faute. Tu n'as pas assez de force de volonté, ça ne t'intéresse pas. » C'est ce que j'ai toujours entendu dans le passé. D'une certaine manière, je leur ai dit que je m'étais amélioré de ce point de vue. J'étais... j'étais très bien au dernier trimestre. Enfin, je n'étais pas tout à fait très bien, mais ça n'a fait qu'empirer. *(Silence)*.

T4   Vous pensez qu'ils ne vont pas comprendre et qu'ils vont vous condamner pour vos échecs.

C5   Eh bien, mon... je suis à peu près sûr que mon père le fera. Ma mère peut-être pas. Il n'a pas été... il n'a pas l'expérience de ces choses ; il ne sait tout simplement pas ce que c'est. « Manque d'ambition », voilà ce qu'il dira. *(Silence)*.

T5   Vous pensez qu'il ne pourrait jamais vous comprendre ?

C6   Non, je ne pense pas qu'il soit... qu'il soit capable de me comprendre... parce que je ne m'entends pas avec lui, pas du tout !

T6   Vous le détestez beaucoup ?

C7   Oui, j'ai... j'ai vraiment été acharné contre lui pendant un moment et je suis sorti de cet état, et maintenant je ne suis pas acharné contre lui, mais j'ai... j'ai en quelque sorte honte. Je pense que ça, c'est ce qu'il y a de plus fort de tout, une impression de honte qu'il soit mon père. *(Silence)*.

T7   Vous avez l'impression qu'il n'est pas très bien ?

C8   Eh bien, c'est lui qui me pousse à faire des études... *(quelques mots incompréhensibles)*, je m'excuse de dire ça, mais c'est mon avis. Je pense qu'il a beaucoup à faire.

T8   C'est quelque chose qui vous a affecté profondément, pendant longtemps.

C9   Oui. *(Long silence)*.

2.   Intervention, entretien et counselling psychologiques

Par *intervention psychologique*, nous entendons une action ou séquence d'actions, réalisée dans une situation spécifique par une personne compétente – un thérapeute, un aidant ou un conseiller. L'action utilise des moyens psychologiques dans le but d'aider une autre personne – le client ou l'aidé – à modifier une situation, un processus ou une tendance dans son fonctionnement psychique et social.

Une intervention comprend des méthodes et techniques développées préalablement, qui ont fait preuve de leur *efficacité*, c.-à-d. leur capacité de réaliser le but envisagé et de produire les effets souhaités, et dont on connaît le *mécanisme d'action* (modus operandi). Autrement dit, une intervention repose sur le *savoir technologique* (Bunge, 1985 ; Perrez, 2011 ; voir Reicherts, 1999, pour plus de détails). Ainsi, une méthode d'intervention *scientifiquement fondée* doit remplir plusieurs critères (Huber, 2000 ; Perrez, 2011).

Une méthode d'intervention psychologique scientifiquement fondée

- utilise des moyens psychologiques
- se base sur une théorie scientifique du fonctionnement psychique et de la personnalité et ses troubles
- est fondée sur une théorie scientifique de la modification des troubles
- présente des évidences empiriques de ses effets, positifs et négatifs
- porte sur des troubles du comportement ou des états de souffrance (ou des problèmes) considérés comme requérant une intervention
- est pratiquée par des personnes formées et compétentes

Il faut que cette méthode d'intervention utilise des moyens psychologiques. En plus, elle doit se baser sur une théorie scientifique du fonctionnement psychique et ses problèmes et doit se référer également à une théorie scientifique pouvant expliquer comment elle modifie les problèmes psychologiques qu'elle vise à traiter (*modus operandi*). Elle doit présenter de l'évidence empirique de son efficacité, de ses effets positifs *et* négatifs. Finalement, elle doit porter sur des troubles, problèmes et états de souffrance considérés comme requérant une intervention, et doit être appliquée par des psychothérapeutes et/ou des conseillers compétents et formés.

On peut caractériser les interventions selon les *moyens psychologiques* qu'elles utilisent (par ex., interventions verbales, comportementales) ou selon les registres de leurs *« effets » ciblés* (le contenu, le traitement intrapsychique ou la relation client-thérapeute ; voir aussi chapitre 2.4.7) mais aussi selon le registre du *fonctionnement psycho-social* concerné : interventions cognitives, comportementales, affectives, somatiques-corporelles, socio-relationnelles, environnementales-contextuelles, etc. (voir aussi chap. 12 ; Pauls & Reicherts, 2013). Les catégories d'intervention psychologique les plus importantes sont :

(1) Les interventions *visant la relation thérapeutique* ou *relation d'aide* en lien avec l'entretien psychologique, notamment les interventions dans l'ACP selon les « variables de base » : l'empathie, la considération positive/acceptation, l'authenticité/congruence ; ainsi que les interventions élémentaires qui créent et assurent le « setting » et le cadre relationnel et interactionnel (position assise, les interventions non verbales comme le regard et l'écoute accueillants, actifs et attentifs – ou « attending »).

(2) Les *interventions procédurales plus spécifiques* comme les interventions ciblées *élémentaires* dans l'approche centrée sur la personne élargie : le questionnement, la confrontation, l'information, les interventions dirigeant l'action et l'approfondissement (de signification, affectif, de contenu). Les interventions ciblées dans le counselling reposent sur ces mêmes interventions de relation et procédurales, mais les adaptent aux fins du counselling, comme par ex., « personnaliser » la situation et définir le problème du client, « initier » la recherche de solutions, « initier » à la décision ou à l'action du client ou évaluer les buts à atteindre (voir chap. 10.2). Le counselling peut être complété par d'autres interventions spécifiques et plus complexes ; par exemple par certaines interventions de l'approche cognitive et comportementale : le renforcement ou l'auto-renforcement du comportement, le modelage ou le jeu de rôle, la résolution de problèmes, la réévaluation cognitive (par ex., le « reframing », l'analyse des pour et contre) ou encore des techniques corporelles (par ex., la respiration, la relaxation musculaire progressive).

(3) Les *interventions thérapeutiques spécifiques* : ce registre regroupe diverses interventions qui s'adressent à différents problèmes psychologiques et à différentes situations dans le *processus* de counselling. Répondant à diffé-

rents *buts procéduraux*, elles reposent sur les mêmes interventions élémentaires, relationnelles et ciblées, mais comprenant encore d'autres composantes, elles sont plus complexes. Des exemples provenant des approches expérientielles sont le « focusing », le dialogue à deux chaises ou le processus explicatif (voir aussi les interventions spécifiques de la thérapie focalisée sur l'émotion ; pour un survol voir Elliot, Watson et al., 2004). De plus, il existe de nombreuses méthodes d'intervention thérapeutique plus complexes visant les registres cognitif, comportemental ou affectif, provenant de la thérapie cognitivo-comportementale (TCC, y compris la dite « troisième vague » ; voir Cottraux, 2007) : l'exposition *in sensu* et *in vivo*, la désensibilisation systématique, la restructuration cognitive, la « pleine conscience », ou des interventions multimodales dans l'approche de Linehan (2000) dans le traitement de la personnalité borderline.

Il existe un grand nombre d'interventions développées et fondées au sein de différentes approches thérapeutiques, y compris les approches systémique et psychanalytique. L'approche proposant l'éventail de techniques d'interventions le plus riche et le mieux fondé est la thérapie cognitivo-comportementale (TCC). C'est cette approche – ensemble avec l'ACP et les nouvelles approches expérientielles – qui fournit les méthodes d'intervention les plus importantes pour le counselling.

Modèle-cadre pour les processus et effets des interventions :
le modèle « générique » de Orlinsky et Howard

Dans le but d'articuler différents types d'interventions et processus dans le traitement psychologique en général, on peut se référer à un modèle-cadre comme celui de Orlinsky et Howard (1986, 1987). Ils ont proposé un modèle « générique » des facteurs d'influence entre processus et résultats thérapeutiques. Basé sur une revue de nombreuses recherches sur les processus et effets, le modèle souligne l'importance de certaines composantes générales qui sous-tendent différentes formes d'interventions. Même si les études sous-jacentes à ce modèle sont en grande majorité des recherches en psychothérapie, les aspects généraux s'appliquent en principe à toute forme de traitement, y compris le counselling. Le modèle, y compris la version remaniée (Orlinsky, Grawe & Parks, 1994), a eu une influence importante sur la discussion de la recherche en psychothérapie, les designs, mais aussi la pratique (Orlinsky, 2009). Nous présentons ici une version légèrement modifiée pour des raisons didactiques (voir schéma ci-dessous).

Figure 1. Le modèle « générique » (d'après Orlinsky et Howard)

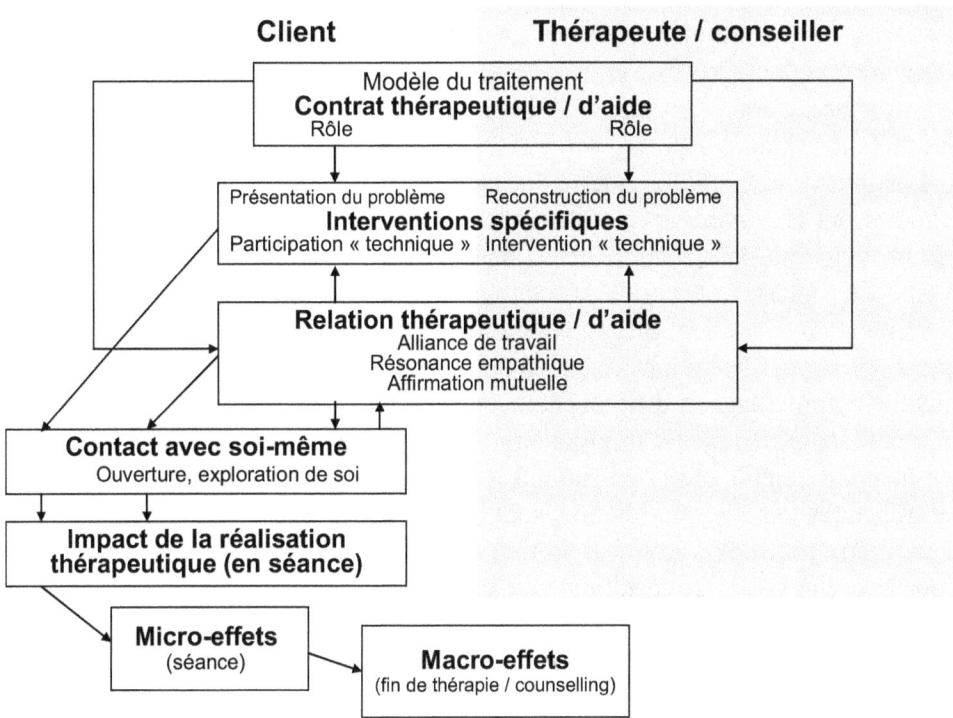

Chaque traitement peut être caractérisé par trois composantes :

(1) par un *contrat* qui définit le modèle du traitement et ses buts, l'emploi du temps et le déroulement des séances (paiement, etc.), mais également les *rôles* du client et du thérapeute. Les deux se mettent d'accord sur ce contrat qui précise les règles-cadre selon lesquelles se dérouleront les processus d'intervention ;

(2) par la *relation thérapeutique* ou d'aide (« bond »). Celle-ci repose sur trois sous-éléments : l'*alliance de travail*, reflétant l'effort et l'engagement du client et du thérapeute pour investir leur rôles respectifs, la *résonance empathique* qui se réfère à la capacité des deux participants de communiquer de manière efficace et de se comprendre mutuellement, et l'*affirmation mutuelle* qui consiste en un échange attentif, respectueux, ouvert et confiant qui s'installe et évolue lors de leurs interactions ;

(3) par la troisième composante, l'*intervention* en tant que telle. Elle commence par la présentation du problème par le client et sa « modélisation » par le thérapeute ; à celui-ci incombe la *réalisation technique* (par ex., l'exposition « in sensu » d'une situation hautement aversive), articulée avec la *participation technique* du client (par ex., la mise en œuvre concrète de la tâche proposée par le thérapeute). L'intervention est réalisée alors dans le cadre du contrat et repose sur la relation d'aide.

(4) Les interventions telles que réalisées en fonction de ces trois composantes influenceront le *contact* avec soi-même (« self-relatedness »), c'est-à-dire l'ouverture, ainsi que la « compliance » du client, sa capacité à « absorber » et à profiter de l'intervention et de la relation thérapeutique. C'est par la qualité de cet élément chez le client que se concrétise finalement l'*impact* visé par l'intervention : l'impact se montre dans (5) les *micro-effets* en séance (par ex., une nouvelle compréhension d'un événement, un « insight », une prise de décision, une première expérience d'émotions moins négatives face à une situation aversive ou conflictuelle, etc.) – et suivant la séance. Ces effets immédiats – répétés – et transférés à la vie quotidienne, sont liés à plus long terme aux *macro-effets,* à savoir aux résultats à la fin de la thérapie (par ex., l'amélioration d'une psychopathologie) ou du counselling (par ex., résoudre une crise dans le domaine professionnel).

2.1   Méthodes d'intervention de l'entretien psychologique

En approche centrée sur la personne, il existe deux grands courants instaurés déjà par Carl Rogers lui-même : une approche philosophique-anthropologique et une approche empirique basée sur la psychologie scientifique. Cette dernière vise le fondement et la mise en évidence de l'efficacité des interventions, ainsi que leur développement et leur élaboration à l'aide des méthodes et des critères de la recherche scientifique. Notre présentation se base surtout sur l'approche empirique-scientifique. Avant d'aborder plus spécifiquement les différentes techniques d'interventions, il s'agit de situer le contexte de l'entretien thérapeutique.

2.2   Setting et caractéristiques-cadre de l'entretien

Au niveau technique, le « setting » de l'entretien psychologique, notamment en thérapie, se caractérise comme suit :

(1)   un *endroit* calme et convenable à l'entretien : favorisant la communication et les expressions libres.

(2)   la *position assise* : égalitaire pour le client et le thérapeute, les chaises sont en face l'une de l'autre, mais décalées d'environ 30°, à une distance adéquate (leur position peut être discutée et réalisée selon les préférences du client).

(3)   la *durée* d'un entretien, d'une séance : normalement autour de 50 minutes.

(4)   la *fréquence des contacts* : le plus souvent une fois par semaine.

(5)   souvent les entretiens sont *enregistrés* – si le client donne son accord. C'est une spécificité de l'approche, établie depuis Rogers (1942, 2008) qui a été l'un des premiers thérapeutes à faire des enregistrements de thérapies et qui les a rendus accessibles à l'analyse à des fins de recherche ou de supervision.

(6)   la *durée* et le *nombre de séances* : la thérapie centrée sur la personne, souvent considérée comme une « thérapie brève », est cependant d'une durée variable selon le problème du client, le processus et le progrès thérapeutiques. Il existe des thérapies ou des counsellings de quelques séances seulement (par ex., de 5 à 10 séances). Dans une étude menée par Eckert et Wuchner (1994) en Allemagne, la durée moyenne était de 69 séances, réparties sur deux ans, avec une grande variabilité selon les troubles traités. Aux Etats-Unis, la durée moyenne des thérapies centrées sur la personne est plus courte.

Les interventions proposées dans ce « setting » seront à distinguer selon leur orientation primordiale : les interventions *visant la relation thérapeutique* – ou interventions relationnelles – et celles visant des tâches ou *traitements spécifiques,* les interventions ciblées.

2.3   Interventions portant sur la relation – selon Rogers

Dans l'approche centrée sur la personne, la relation thérapeutique (ou relation d'aide) est une *relation particulière* et *structurée de manière précise* entre deux personnes, le thérapeute et le client. Elle a pour but de faciliter pour le client un changement dans ses symptômes et problèmes, ainsi que de l'aider à « débloquer » son développement et à promouvoir son épanouissement.

En caractérisant la relation thérapeutique, Rogers (1957) a proposé des « conditions nécessaires et suffisantes » :

(1) deux personnes – client et thérapeute – établissent une relation ;

(2) le client est « incongruent » avec lui-même, il n'est pas sûr de lui-même, il est anxieux et tendu ;

(3) le thérapeute est capable de se représenter (à lui-même) toutes ses expériences – par rapport à la relation avec le client – et d'être « congruent » ou « authentique » ;

(4) il a un « regard positif inconditionnel » par rapport au client ;

(5) il est capable de comprendre le client dans son cadre de référence et de lui communiquer ce qu'il vient de comprendre (« empathie ») ;

(6) le client est capable de percevoir cette offre de relation et d'y répondre – au moins partiellement.

Comme on a pu le montrer, ces conditions ne sont ni suffisantes ni nécessaires pour chaque cas particulier (voir par ex., Sachse & Elliott, 2002). Elles correspondent plutôt à des *attitudes d'aide* de l'ACP, dans un cadre de référence heuristique à un niveau d'abstraction plus élevé. Ces attitudes doivent être réalisées par des interventions concrètes que l'on peut, par ex., décrire par des « variables de base » et des « variables supplémentaires ».

2.3.1 *« Variables de base »*

Au centre des interventions orientées vers la relation se trouvent ce que l'on appelle les trois *« variables de base »* (Rogers, 1942, 1951, 1957, 2008 ; Truax & Mitchell, 1971 ; Biermann-Ratjen, Eckert & Schwartz, 2003 ; Tausch, 1973) :

(1) La *congruence* ou l'*authenticité* (« congruence » ou « genuineness »).

(2) La *considération positive* ou le *regard positif inconditionnel* (« unconditional positive regard » ou « warmth »), aussi nommés *acceptation*.

(3) L'*empathie* (au début « reflecting of feelings », plus tard aussi « accurate empathic understanding » ou « accurate empathy ») ; au niveau technique aussi appelée *verbalisation des expériences émotionnelles*.

L'attitude ainsi caractérisée est *à réaliser par des actions/interventions singulières* en utilisant des comportements verbaux et non-verbaux. Chacune des actions thérapeutiques ou de conseil (réponses, énoncés, comportements non verbaux) peut ainsi manifester l'empathie, la considération positive et la congruence dans une mesure différente. Il y a deux perspectives à distinguer : celle du thérapeute agissant, y compris ses processus et phénomènes intrapsychiques, et celle du client qui perçoit les interventions – ou peut les percevoir.

(1) Sur le plan de l'action concrète, *la congruence* implique un comportement ouvert, authentique et spontané du conseiller qui ne souffre pas de façade : il parle avec le client d'une manière franche, libre, sans contrainte. Ce qu'il dit est cohérent avec ce qu'il exprime au niveau non verbal et ne révèle pas de discrépances. Parfois, il parle même de ses pensées et sentiments *personnels*, une variante d'intervention appelée *« self-disclosure »*. Malgré sa plausibilité dans certaines situations spécifiques, son efficacité générale est contestée par différentes recherches (Sachse & Elliott, 2002). Néanmoins, à la différence de la « self-disclosure » proprement dite, ses sentiments et pensées *par rapport à la relation d'aide* font plus ou moins régulièrement partie de ses interventions.

Une échelle opérationnalisée (par ex., Truax, 1962a ; Tausch, 1973) propose de conceptualiser plus précisément la congruence. Elle distingue plusieurs facettes (voir aussi chap. 7) : (i) pas de discrépance entre expérience et énoncé verbal ou expression non verbale, (ii) pas de contradiction au niveau verbal, (iii) le conseiller présente un comportement « naturel » et « transparent » qui se démarque d'un comportement souffrant de façade, (iv) un comportement non-défensif faisant face au problème soulevé par le client ; ou alors (v) dans une situation où le conseiller vit des expériences négatives en contact avec le client, il arrive même à en profiter activement ; par exemple en incluant cette expérience dans sa réponse sans blesser le client.

(2) Le *regard positif inconditionnel* ou la *considération positive* signifie que le conseiller accepte le client sans réserve, s'adresse à lui avec chaleur, le considère tel qu'il est et sans que le client ne doive montrer certains comportements. La considération positive du conseiller n'implique pas un comportement de séduction et ne demande pas de récompense. Cependant, elle n'implique pas que le thérapeute approuve, voire apprécie, n'importe quel comportement (par exemple un délit commis par un client), mais elle évite de renvoyer une image d'inacceptation, voire de jugement ; l'intervention reflète une attitude *non-jugeante*.

Au niveau d'une conceptualisation plus précise proposant une échelle (par ex., Truax, 1962b ; Tausch, 1973 ; Helm, 1980), on peut distinguer les dimensions suivantes : (i) le renoncement aux conseils, (ii) le degré de l'acceptation non restreinte (inconditionnelle) par des critères personnels du thérapeute, et (iii) la considération positive en termes de l'investissement, c'est-à-dire pas de verbalisations « machinales » ni d'écoute passive, mais une attitude intéressée et « partie prenante » face au client.

(3) L'*empathie* est un concept complexe (par ex., Bohart & Greenberg, 1997) qui comprend la reconnaissance empathique et la compréhension par le thér-

apeute, l'acceptation *et* la communication des sensations et des contenus de l'expérience ainsi que de l'émotion dans le *cadre de référence interne d'autrui*. Le thérapeute essaie de refléter les contenus importants énoncés par le client (« reflecting of feelings ») *et* de verbaliser des composantes expérientielles sous-jacentes allant au-delà de ce que le client vient d'exprimer explicitement. Le thérapeute les communique au client *comme quelque chose qu'il pense avoir compris*. L'empathie porte donc également sur des aspects expérientiels implicites : impliqués par exemple dans l'expression affective non verbale (par ex., un ton légèrement exaspéré), même si une qualité affective n'est pas exprimée explicitement dans l'énoncé (par ex., le client raconte la critique par un collègue, mais sans exprimer l'agacement verbalement).

A ce propos, on peut distinguer (par ex., Reicherts & Pauls, 2013) :

(1) les contenus expérientiels d'ordre émotionnel et/ou d'importance personnelle qui sont *explicitement mentionnés* dans l'énoncé du client (exemple : le client qui raconte être profondément déçu par son amie) ;

(2) les contenus expérientiels *implicites aux expressions* verbales et non verbales du client (exemple : le client parle avec une voix tremblante sans énoncer la qualité anxieuse de la situation qu'il décrit) ;

(3) les connotations ou contenus *impliqués* par un énoncé, soit en tenant compte des informations fournies antérieurement par le patient (implication rétrograde), soit en anticipant des qualités expérientielles engendrées par certaines situations-type (voir aussi les « core relational themes » des émotions chez Lazarus, 1991 ; par ex., la tristesse impliquée par une situation de perte.)

Le conseiller ou le thérapeute peut aussi expliciter – dans une idée de traduction sur le plan verbal – ce qu'il suppose être derrière le comportement observable et les énoncés du client, notamment en ce qui concerne les contenus émotionnels et motivationnels, ainsi que les cognitions qui les accompagnent, ou qui « résonnent ». Comme le démontre Sachse (1992) dans ses recherches empiriques, ce sont en premier lieu les verbalisations empathiques et précises de caractère approfondissant, qui déterminent le progrès thérapeutique dans l'immédiat (micro-perspective : moment-à-moment). Ces verbalisations dépassent le seul reflet (« reflecting of feelings ») et la paraphrase, tout en étant caractérisées par une référence thématique précise à l'énoncé précédent du client.

Plusieurs auteurs, comme Barrett-Lennard (1981) ou Greenberg et Elliott (1997), ont proposé de différencier le concept d'empathie. Chez Barrett-Lennard, l'empathie est un processus en trois phases : (1) le thérapeute fait l'expérience ou éprouve de l'empathie par rapport au client, (2) il la lui communique avec ce qu'il croit avoir compris, et (3) le client la perçoit et la reconnaît. L'empathie perçue par le client montre la corrélation la plus forte avec le succès de la thérapie.

Dans le cadre de l'*approche focalisée sur l'émotion*, sont formulées cinq formes d'empathie (Elliot et al., 2004). Deux variantes plutôt simples comprennent (1) la *réflexion empathique* (« empathic reflection ») et (2) *l'affirmation ou le renforcement empathique* (« empathic affirmation »). Trois formes vont plus loin : (3) *la réflexion exploratoire* (« exploratory reflections ») qui – par le reflet empathique – sollicite prudemment l'exploration ultérieure ; (4) *la réflexion évocative* (« evocative reflections ») qui par l'utilisation de fortes images, des tournures et métaphores expressives et par une tonalité de la voix essaie d'accéder aux émotions du client ; (5) *le questionnement exploratoire* (« exploratory questions ») qui stimule l'exploration affective du client au moyen des questions qui adressent directement le vécu (Qu'est que vous éprouvez en ce moment ? Qu'est-ce que vous avez ressenti à cette situation, à l'époque ? Qu'est-ce que ceci signifie pour vous ?).

Comprendre et différencier les contenus émotionnels et la signification personnelle tels qu'ils sont exprimés par le client, ainsi que les verbaliser précisément dans l'immédiat du discours continu, est loin d'être facile. Le savoir-faire – les « skills » – demande un entraînement important lors de la formation thérapeutique ou de counselling et exige de la supervision dans la pratique ultérieure.

Depuis longtemps, à partir des travaux de Rogers et ses collègues (par ex., Truax, 1961a ; Truax & Mitchell, 1971), l'empathie est considérée comme l'élément central de changement dans les thérapies expérientielles. De nombreuses études empiriques montrent effectivement que l'empathie, au sens de la capacité du thérapeute à comprendre le client, est corrélée positivement avec le succès de la thérapie (pour un survol, voir Sachse & Elliott, 2002). La *compréhension empathique exprimée* par le thérapeute et sa perception et reconnaissance par le client sont le plus clairement associées avec le succès de la thérapie (pour un survol, voir Lambert, 2004). Une méta-analyse consacrée au rapport entre l'empathie des thérapeutes et le succès thérapeutique chez les clients (Bohart, Elliott, Greenberg & Watson, 2002) révèle un coefficient de corrélation moyen de r=.30. Cette *taille d'effet*, indice statistique moyen des effets observés dans différentes études, s'avère « modérée », mais se situe dans le même ordre de grandeur que celle de l'alliance thérapeutique (par ex., Horvath & Symmons, 1991).

Des présentations synthétisantes (Orlinsky, Grawe & Parks, 1994) montrent également des liens généralement positifs entre la *considération positive* et le succès de la thérapie : elle se révèle comme une attitude thérapeutique généralement constructive. Pour la *congruence*, ce rapport est dans l'ensemble plus faible tout en restant majoritairement positif.

Extrait d'un entretien

Une séquence thérapeutique d'une cliente âgée de 37 ans (Sachse, 1996, p. 226, 241)

C1   Alors maintenant, je vais prendre un appartement avec mon partenaire. Sa seule réaction a été : « Tu dois savoir ce que tu fais ! ».

T1   Votre mère est réticente à cela ?

C2   Oui, elle a peur que je me surmène et que je m'épuise au ménage et puis que je devienne malade, etc.

T2   Et ça vous l'entendez souvent par votre mère ?

C3   Oui, ça je l'entends toujours. Mais il n'est jamais question de savoir comment je vais moi en faisant ça, ce que je veux faire moi.

T3   Ceci vous manque beaucoup n'est-ce pas, que votre mère s'occupe de vos besoins ?

C4   Oui, j'ai toujours espéré qu'elle réagisse autrement, une fois. Je suis chaque fois déçue quand elle recommence avec ses conneries...

T4   Vous êtes déçue ?

C5   Oui, mais de l'autre côté, je me dis que peut-être j'exige trop d'elle. Elle a aussi un tas de problèmes à elle, et je devrais pas m'énerver – c'est une femme malade.

T5   Mais, en quelque sorte vous n'arrivez pas à vous fâcher avec elle. Qu'est-ce qui se passe en vous si votre mère ne tient pas compte de savoir quels sont vos besoins ?

C6   Ça m'énerve énormément. Je pourrais sortir de mes gonds. Je deviens très fâchée, je ne lui parle plus ou je sors tout simplement.

(...)

Conceptions opérationnalisées des variables de base et échelles

Afin d'étudier, entraîner et appliquer les variables de base, différentes échelles d'évaluation ont été développées (par ex., Truax & Mitchell, 1971 ; Tausch, 1973 ; Carkhuff, 1969 ; Eckert, 1974 ; Schwartz, 1975) qui se sont avérées pour la plupart suffisamment fiables et valides, ainsi qu'applicables et utiles. Nous présentons dans le chapitre 7 les échelles suivantes : la « congruence ou authenticité », la « considération positive / regard positif inconditionnel » et la « verbalisation des expériences émotionnelles ». Ces échelles permettent d'obtenir des indices d'accord inter-juges satisfaisants après un entraînement pertinent des personnes effectuant le jugement ou l'observation systématique. Des recherches empiriques montrent que des changements constructifs deviennent plus probables chez des clients quand le thérapeute *réalise les trois variables de base* dans une mesure importante (par ex., Tausch, 1973). Selon les résultats résumés par Orlinsky et al. (1994), la réalisation de la congruence, du regard positif et de l'empathie favorise l'auto-exploration du client, et, par conséquent, des changements constructifs, comme la réduction des incongruences.

Auto-exploration du client : la variable de base côté client

L'*auto-exploration* caractérisant le processus du client dans l'échange thérapeutique représente une variable complexe (par ex., Biermann-Ratjen, Eckert & Schwartz, 2003). La conceptualisation dans une échelle (d'après Truax, 1961b ; Tausch, 1973) porte sur la proximité des contenus de la personne ou la dimension externe-interne des contenus évoqués (événement vs comportement vs expériences internes, effort de clarifier et capacité à trouver de nouveaux aspects ; voir chapitre 7 et annexe). Schwartz (1975) propose de décomposer le concept en trois dimensions (donnant lieu à trois échelles séparées) : (1) le degré de la référence à soi-même, (2) la proximité affective de ses propres expériences en les verbalisant, et (3) l'attitude par rapport à ses sentiments et émotions (refusant *versus* acceptant).

Tscheulin (1992) a démontré les liens entre les niveaux d'auto-exploration durant les premières séances de la thérapie avec le succès de la thérapie. Lorsque l'auto-exploration est élevée dès les premières séances thérapeutiques, les clients parviennent à une nette amélioration de leur état à la fin de la thérapie. Le graphique ci-après illustre ce résultat.

Sachse (1992), plus radicalement, propose de remplacer l'auto-exploration par un autre concept théorique appelé « traitement ou élaboration explicatif », qui spécifie entre autres la profondeur du traitement expérientiel du client. Il est articulé avec « l'offre de traitement explicatif » par le thérapeute ou conseiller. Pour les deux concepts liés, il existe des échelles comparables avec également de bonnes caractéristiques de mesure (voir chapitre 7 et annexe).

Figure 2. Evolution de l'auto-exploration lors des 4 séances initiales : clients nettement améliorés versus clients pas ou peu améliorés (Tscheulin, 1992).

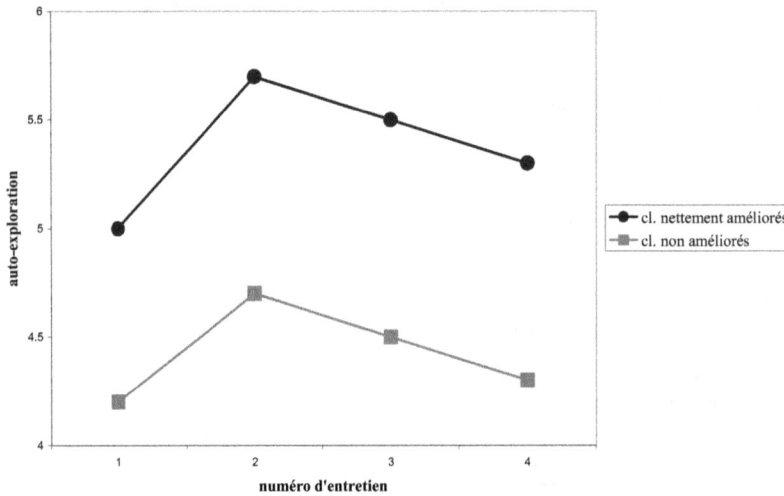

2.3.2 « Variables supplémentaires »

Un certain nombre de variables ou techniques supplémentaires susceptibles d'influencer l'efficacité de l'entretien psychologique ont été élaborées. Ainsi, *l'activité et l'investissement* (Minsel, Langer, Peters & Tausch, 1973), l'*engagement affectif* (Schwartz, Eckert, Babel & Langer, 1978) ou la « *self-disclosure* » – l'ouverture personnelle de la part du thérapeute (par ex., Orlinsky et al., 1994) – représentent encore d'autres composantes des interventions visant l'établissement ou le maintien de la relation thérapeutique (quant à l'impact du « self-disclosure », voir aussi chapitre 2.3.1).

En contrepartie, les variables *concrétisation* (Minsel et al., 1973 ; Truax & Carkhuff, 1964) ou *élaboration / généralisation* (Schwartz, 1975) visent plus directement les contenus verbalisés ou exprimés par le client. Elles représentent donc des extensions techniques du concept de l'empathie ou de la verbalisation des expériences émotionnelles.

Par rapport à la *directivité* du thérapeute, il faut distinguer la directivité du *contenu* de la directivité du *processus*. Cette dernière se révèle comme très efficace, en lien avec l'approche orientée vers le processus (Sachse & Elliott, 2002).

Sur la base des approches théoriques d'ordre cognitif, on a aussi proposé des variables comme la *différenciation* et l'*intégration* des contenus expérientiels (Wexler, 1974 ; Reicherts & Wittig, 1984).

Pour ces aspects d'intervention on a aussi proposé des opérationnalisations par des échelles, comme le *degré de concrétisation* d'une verbalisation thérapeutique effectuée dans un énoncé spécifique ou d'un échange de de thérapie ou de counselling.

2.4   Interventions visant des tâches spécifiques

Plusieurs auteurs avaient déjà insisté sur le fait que les dites attitudes ou « variables de base » sont à adapter au processus thérapeutique et au client, selon son trouble et ses caractéristiques personnelles initiales, dans le sens d'une *indication différentielle*. De même, le développement de certaines variables supplémentaires (mentionnées ci-dessus) dépasserait déjà le seul établissement de la relation thérapeutique dans laquelle le processus thérapeutique se déroulerait quasi automatiquement. En effet, certaines variables supplémentaires différencient déjà ces interventions.

Les nouvelles approches, tout en partant de la relation thérapeutique, mettent l'accent sur l' *« orientation vers les tâches »*. Ces tâches portent surtout sur le traitement de problèmes ou situations-types survenant au cours du processus thérapeutique. L'orientation vers les tâches se réfère à des interventions spécifiques et circonscrites, qui ont été développées à ces fins. On parle aussi d'interventions « visant le processus » (« process-directed », cf. Greenberg et al., 1994).

Comme décrit dans le chapitre précédant, les interventions orientées vers la relation portent sur l'offre d'une relation thérapeutique (ou d'aide) qui aboutit – si elle réussit – à un *cadre relationnel*. C'est dans ce cadre relationnel que le thérapeute propose des *offres pour traiter des problèmes spécifiques*. Il peut les réaliser au fur et à mesure du processus thérapeutique, dès qu'une « tâche » thérapeutique s'impose. Ces offres de traitement se basent soit sur des patterns spécifiques des variables de base ou supplémentaires, soit sur d'autres formes d'intervention explicitement *« dirigées vers le processus »* et adaptées au problème du client et à la situation actuelle du processus thérapeutique (par exemple, le questionnement, la confrontation, l'explication, etc.). L'encart suivant résume les caractéristiques générales des interventions ciblées.

Tandis que les interventions orientées vers la relation visent des buts plus généraux et à plus long terme (les conditions du cadre thérapeutique, le processus interpersonnel, l'établissement d'un système micro social pour l'expérience), les interventions orientées vers les tâches s'adressent à des buts immédiats, à court terme, que le client pourrait atteindre à partir du processus actuel (Greenberg, Rice & Elliott, 1993).

Caractéristiques et déroulement des interventions visant des tâches spécifiques

(1) Situation de départ :
      une situation spécifique et définie sur la base du processus actuel ;
      la présence de la situation est évaluée selon des critères
      (par ex., « marqueurs procéduraux »)

(2) But thérapeutique / de counselling :
      un but procédural, à court terme, à atteindre chez/avec le client

(3) Intervention :
      une action élémentaire ou séquence d'actions ou interventions structurées
      selon certaines règles

(4) Evaluation de l'intervention :
      selon des critères de succès (et d'échec) préétablis

(5) Fin et suite du processus par défaut

Les interventions orientées vers les tâches vont de pair avec une conception thérapeutique différente : *le thérapeute ne suit pas seulement l'action et les énoncés du client, mais il les « dirige » aussi activement.* L'encart ci-après présente quelques exemples de techniques d'intervention et leur provenance, jouant un rôle important dans l'entretien et le counselling.

Ce type d'interventions suit le *principe de l'indication selon le processus*, aussi appelée *indication adaptative* (au contraire de l'indication *sélective*). Elles entrent en action dès qu'une situation ou un événement thérapeutique type est donné, qui peut être caractérisé par des « marqueurs procéduraux » (« process marker », par ex., signes verbaux ou non verbaux indiquant chez le client qu'une telle intervention serait à ce moment-là adéquate), et essaient d'atteindre des buts définis (« marker-guided »).

Le thérapeute, adoptant une position active, propose une offre de traitement spé-cifique, par exemple dans les cas suivants :

(1) Il survient un événement significatif faisant référence au passé du client, qui est à explorer et à retravailler (Rice & Saperia, 1984 ; par ex., par un « processus explicatif » selon Sachse, 1996).

(2)   Un problème actuel demande un traitement approfondi pour clarifier les significations, émotions ou motivations personnelles (par ex., par une séquence de « focusing » d'après Gendlin, 1981, 2006 ; ou par une séquence de « processus explicatif »).

(3)   Un conflit interne survient (Greenberg & Paivio, 1997).

(4)   Des contradictions importantes se présentent au niveau des énoncés du client ou des divergences entre ses canaux de communication verbaux vs non-verbaux, auxquels il devrait être confronté (Tscheulin, 1992).

Interventions ciblées – exemples

Techniques développées dans le cadre de l'ACP
- Questionnement
- Confrontation
- Processus explicatif
- Focusing

Techniques issues d'autres approches expérientielles (par ex., Gestalt-thérapie)
- « Awareness continuum »
- Chaise vide
- Deux chaises

Techniques cognitivo-comportementales
- Relaxation progressive
- Résolution de problèmes
- Techniques cognitives
- Techniques d'exposition
- Tâches à domicile

Dans ces cas, on n'applique pas seulement des interventions centrées sur la personne (dans le sens des variables de base et supplémentaires), mais aussi des interventions proposées par d'autres approches thérapeutiques, notamment expérientielles, comme la Gestalt-thérapie (Pearls, Hefferline & Goodman, 1951; Pauls & Reicherts, 1999). Deux exemples utilisant des interventions développées par la Gestalt-thérapie sont : le « dialogue à deux chaises » (« two-chair-dialogue » ; voir par ex., Greenberg, 1984) pour traiter un conflit interne du client, et le « dialogue à la chaise vide » pour clarifier des expériences du client par rapport à une personne significative ou pour compléter une « tâche inachevée » (« unfinished business » ; voir Paivio & Greenberg, 1995). Un autre registre important comprend les interventions de provenance cognitivo-comportementale, comme les techniques de résolution de problème (D'Zurilla & Goldfried, 1971), la relaxation ou les tâches à domicile (voir aussi l'encart ci-dessus). Pour la plupart de ces techniques, il existe des consignes ou *manuels d'intervention*, identifiant les marqueurs, décrivant les interventions et proposant des exemples pour l'entraînement au traitement et son contrôle.

2.4.1   Questionnement – poser des questions

Poser des questions ne figurait pas comme une intervention adéquate dans la thérapie non-directive « classique ». Cependant, poser des questions représente une intervention élémentaire et des questions, bien posées, peuvent remplir différentes fonctions :
(1) Les *questions d'information et de compréhension* peuvent fournir des informations importantes (voire nécessaires) au thérapeute pour compléter son modèle (sa représentation) du cadre de référence du client. Des *questions concrétisantes* encouragent le client à décrire clairement une situation, un sentiment, etc.
(2) Les *questions approfondissantes* peuvent stimuler le client à approfondir son mode d'expérience (son traitement explicatif), par exemple pour parvenir à une description réaliste et affective à partir d'un rapport neutre, ou l'aider à élaborer son évaluation ou sa signification personnelle (questions d'approfondissement de l'expérience). Dans ce cas, il faut veiller à ce que le point de référence de la question soit pertinent. Pour ce faire, le thérapeute peut d'abord intervenir avec une réponse empathique « validante » qui doit être confirmée par le client.
Il s'agit de respecter le *principe :*

→ *la compréhension précède l'approfondissement.*

Des exemples de telles questions se trouvent au chapitre 8.2.

2.4.2 Donner des informations

Une autre intervention élémentaire dans l'entretien consiste à donner des informations, pour annoncer, déclarer ou expliquer quelque chose. Il peut s'agir d'informations concernant la suite du processus, d'explications concernant une intervention spécifique (par ex., le *brainstorming* pour la récolte d'idées), de consignes pour une action à effectuer, ou encore d'informations plus générales, par ex., introduisant à l'approche ou au contrat de traitement, ou à un autre thème d'intérêt (par ex., les liens de certains comportements alimentaires avec les effets physiologiques ; ceci dans le counselling accompagnant un traitement médical).

2.4.3 Directives à l'action et concernant le processus

Cette intervention élémentaire joue un rôle important dans nombre de situations et de tâches de counselling ou de thérapie. Le conseiller prend l'initiative en proposant au client d'effectuer un certain comportement, le plus souvent à titre d'essai, avec des informations et consignes préparant cette action de la part du client. Il peut s'agir de modifier la suite du processus de counselling / de thérapie, par exemple d'aller plus loin dans un *processus explicatif*, de s'engager dans l'*imagerie mentale*, ou d'effectuer des tâches cognitives (par ex., chercher d'autres arguments, trouver d'autres possibilités d'action, chercher d'autres perspectives d'évaluation) ou encore d'inviter le client à réaliser des tâches à domicile. Parfois, ces interventions comprennent la démonstration de l'action à effectuer, en se servant ainsi de l'intervention du *modelage*.

2.4.4 Confrontation

La confrontation décrit les interventions du thérapeute qui – partant de la verbalisation actuelle du client – lui indiquent des divergences ou « discrépances » (Bommert, 1987 ; Anderson, 1969). Ces discrépances peuvent se révéler entre les informations actuelles et antérieures du client ou entre comportement verbal et non- ou para-verbal (exemple : le client parle sans être ému d'une souffrance importante). La confrontation peut aussi porter sur les discrépances entre le Self réel (ce que le client « est ») et le Self idéal du client (ce qu'il souhaite idéalement être) et – parfois – sur des discrépances entre le point de vue du client et celui du thérapeute. Un survol des différentes formes de confrontation est donné par Tscheulin (1990, 1992).

Le but de la confrontation est de diriger l'attention du client sur des phénomènes qui ne lui sont pas encore clairs ou évidents et de les rendre (à nouveau) accessibles à un traitement. La confrontation peut ainsi avoir (i) une fonction d'approfondissement de l'expérience, (ii) une fonction didactique ou (iii) une fonction d'encouragement.

Le prérequis d'une confrontation est une relation thérapeute-client qui fonctionne bien. Des recherches (par ex., Anderson, 1969) ont montré que la confrontation favorise l'auto-exploration du client et est plus fréquente quand les variables de base ont été réalisées à un niveau élevé dans les énoncés précédents, et lorsque les clients sont plutôt confrontés à leur possibilités ou ressources qu'à leurs faiblesses. Sinon, les confrontations ont un effet réducteur négatif sur l'auto-exploration du client. Dans ses recherches, Tscheulin (1992) démontre des liens entre certaines caractéristiques de la personnalité du client et les effets d'une confrontation. Il a analysé la variable d' « auto-attention » (« self-awareness » ou « self-orientedness ») : la personne *dirigée vers elle-même* se réfère souvent à son Self comme à un objet et est « à la merci » de ses incongruences (par ex., les patients dépressifs ou dysthymiques ou les patients anxieux). La personne *dirigée vers l'action* se trouve souvent dans un état d'auto-attention périphérique. En se référant à ses actions et buts et non à son Self, elle risque de ne pas percevoir ses incongruences, même dangereuses pour elle (par ex., les patients souffrant de troubles de la dépendance ou de certains troubles de la personnalité, comme la personnalité borderline, de troubles « psychosomatiques »). Les résultats de Tscheulin montrent que les clients plus orientés vers l'action (« action-related ») profitent davantage d'une stratégie thérapeutique confrontative, tandis que les clients plutôt orientés vers eux-mêmes et leurs états internes (« self-related » ou « state-oriented ») profitent plus d'un traitement moins confrontatif.

2.4.5 *« Focusing »*

Le « focusing » est une technique d'intervention qui a à nouveau gagné en l'importance ces dernières années. Proposée par Gendlin (1981), elle met l'accent – de manière plus marquée que l'empathie – sur un suivi flexible et approfondissant des contenus expérientiels du client et de leur symbolisation. Le focusing implique que le thérapeute – à partir d'un problème ou d'un contenu concret soulevé par le client – dirige activement l'attention du client sur son état interne, actuel, qui se manifeste dans des états émotionnels et corporels alors encore plutôt diffus. Il propose de manière explicite que le client se concentre sur ce sentiment (corporel) diffus, appelé le « sens ressenti » (« felt sense ») et l'explore. A travers plusieurs étapes, il propose au client d'essayer de « symboliser », c.-à-d. de nommer de manière explicite, ce sentiment vague et diffus. Dès que le client parvient à une symbolisation pertinente, le sentiment vague se transforme ou disparaît.

Comme le montrent des recherches (par ex., Sachse, Atrops, Wilke & Maus, 1992), une première séquence de focusing s'avère efficace – la symbolisation réussit – si dans les séances précédentes le client a pu réaliser l'auto-exploration dans une mesure élevée et s'il a déjà pu faire appel à ses expériences émotionnelles, notamment au niveau corporel (par ex., tension, activation végétative, etc.).

2.4.6 *Explication et clarification : approfondissement et élaboration*

Il est crucial pour la clarification et la restructuration d'élaborer et d'approfondir ensemble les significations personnelles qui sont liées à un thème, une situation, un comportement ou une expérience émotionnelle du client. Côté client, le *processus d'explication* peut parcourir différents niveaux (Sachse, 1992 ; voir aussi chap. 7.2). Au niveau 1, il n'y a pas de traitement des contenus d'une importance personnelle, il s'agit de la seule description de faits ou d'événements sans aucun lien avec le client. Aux niveaux 2 (intellectualisation) et 3 (rapport) des contenus d'importance personnelle sont traités, mais sans qu'une évaluation devienne évidente. Les niveaux 4 (évaluation ou attribution externalisante) et 5 (évaluation internalisante, « personnalisante », ou interne) impliquent l'évaluation des contenus traités. Aux niveaux 6 (signification personnelle) et 7 (explication et représentation), des significations personnelles d'ordre émotionnel et cognitif sont impliquées ; elles représentent des *déterminants internes* de l'expérience de la personne. Au niveau 8 (intégration) finalement, les contenus expliqués sont liés à d'autres aspects personnels, comme des situations, des facettes/concepts du Self du client. Côté thérapeute, l'offre de traitement explicatif est conçue de manière analogue. L'intervention, la verbalisation du thérapeute, peut favoriser une continuation du rapport, offrir une évaluation (dans le cadre de référence du client), proposer une explication approfondissante ou encore une intégration des significations évoquées.

Plusieurs études empiriques portant sur des séquences thérapeutiques ont montré que l'offre de traitement explicatif du thérapeute influence la verbalisation suivante du client de manière importante, pouvant « niveler » ou « approfondir » son niveau de traitement (Sachse, 1992 ; Reicherts & Montini, 2006 ; ou encore Defago, 2006 pour l'influence du client sur le thérapeute). Une intervention du thérapeute qui reste en dessous du niveau de l'énoncé du client tend à niveler le niveau de son énoncé ultérieur.

Les interventions explicatives peuvent être considérées comme une extension de l'empathie. Si l'on considère avec Sachse (1992, 1996) l'explication des significations comme un continuum (multi dimensionnel), alors beaucoup de verbalisations thérapeutiques se présentent comme des explications de signification, à des niveaux différents évidemment. Le succès thérapeutique est plus grand si les offres d'explication renouvelées du thérapeute dépassent, dans une certaine mesure, le niveau des énoncés précédents du client (voir par ex., Defago & Reicherts, 2007).

Les techniques d'intervention orientées vers des tâches spécifiques ne sont à utiliser que dans certaines conditions. Dans d'autres, elles peuvent être inadéquates, voire contreproductives, comme par exemple confronter un client en train de suivre un processus d'explication ou de focusing.

2.4.7   Tâches spécifiques à différents niveaux d'intervention

Il est possible de distinguer les interventions ciblées selon le *niveau du travail thérapeutique* – ou de conseil – suivant un but dans l'immédiat : le niveau du contenu, du traitement (intra)psychique et de la relation.

(1)   Le travail sur des thèmes, des problèmes et des tentatives pour les résoudre, présentés par le client, se situe au *niveau du contenu* : c'est la catégorie la plus fréquente qui se retrouve aussi dans l'approche « classique » de l'ACP.

(2)   Au *niveau de la gestion psychique* (processus psychiques internes), on s'occupe des modes de gestion cognitive, affective ou comportementale, par lesquels le client répond à ses incongruences et essaie de résoudre les problèmes qui en découlent (par ex., par l'évitement cognitif). Ce sont les travaux inspirés de la psychologie générale, cognitive et de l'émotion qui soulignent l'importance des modes de traitement intrapsychique comme cibles des efforts thérapeutiques (par ex., Wexler, 1974 ; Reicherts & Pauls, 1983 ; Tscheulin, 1992 ; Reicherts, Pauls et al., 2012).

(3)   Au *niveau de la relation*, le travail aborde les patterns ou styles d'interaction du client qui influencent la relation d'aide (pour l'établir, maintenir ou modifier). A la différence de la *relation d'aide générale* (voir plus haut), les comportements relationnels deviennent ici *explicitement* l'objet d'un échange thérapeutique. L'intérêt de ce niveau d'intervention a été souligné récemment par des recherches portant sur les modes d'attachement (par ex., Main & Goldwyn, 1985 ; Höger, 1995) ou sur les schémas interpersonnels en thérapie (par ex., Horowitz, 1989 ; Tscheulin, 1995).

Les trois niveaux se caractérisent par des buts spécifiques (les « buts procéduraux »), abordés par des interventions spécifiques. Ils sont ordonnés de manière hiérarchique ; le travail à un niveau peut donc avoir des implications à d'autres niveaux. Pour que le processus thérapeutique soit constructif au niveau du contenu (1), il y a comme prérequis de la part du client un traitement psychique majoritairement fonctionnel (par ex., pas trop d'évitement cognitif du genre : ignorer, nier, etc.). De même, un travail thérapeutique constructif au niveau de la gestion psychique (2) demande un style d'interaction du client au niveau relationnel (3) qui soit suffisamment fonctionnel et coopératif. Il ne doit pas être trop fragmenté ou mis en question par des problèmes relationnels. Chez certains clients et lors de certaines phases du traitement, il est donc nécessaire de travailler d'abord au niveau (3) relationnel pour arriver à un échange fonctionnel qui permette un travail au niveau (2) de la gestion (intrapsychique) ou au niveau (1) des contenus du client (par ex., ses peurs sociales).

Différents troubles et caractéristiques (initiales) du client engendrent des interventions (tâches) axées sur les différents niveaux : les troubles anxieux ou les troubles dépressifs, par exemple, impliquent des interventions qui se situent majoritairement au niveau du contenu (1), certains problèmes anxieux et des problèmes psychosomatiques, notamment, demandent plus d'interventions au niveau de la gestion (intra)psychique (2). Enfin, les troubles de la personnalité – et leurs schémas interpersonnels – sont, entre autres, abordés par des interventions thématisant les comportements interactionnels et relationnels du client, au niveau relationnel (3).

Il faut néanmoins souligner que le niveau d'intervention peut changer également en fonction du processus, voire même au sein d'une séquence thérapeutique, et ceci en fonction de la tâche thérapeutique soulevée.

Les *interventions ciblées* en entretien peuvent impliquer des techniques provenant d'autres approches thérapeutiques (voir aussi Pauls & Reicherts, 2013). Des exemples en sont, l'imagerie mentale, les tâches assignées (tâches à domicile), les jeux de rôle, les techniques de la Gestalt-thérapie (les exercices de conscience, « awareness » : la chaise vide, la chaise double, etc.), les éléments du psychodrame, la restructuration cognitive, les exercices corporels, jusqu'à l'implication d'une autre personne dans les interventions comme le partenaire ou des membres de la famille. Certaines de ces techniques sont décrites plus en détails au chapitre 9.

Des combinaisons d'interventions de la thérapie centrée sur la personne avec des techniques de la Gestalt-thérapie et des techniques « suivant des marqueurs » procéduraux (Rice & Greenberg, 1990) ont été testées, entre autre, avec succès auprès de clients dépressifs (par ex., Elliott, Clark, Kemeny, Wexler, Mack & Brinkerhoff, 1990).

2.4.8 Fréquence *d'utilisation* des diverses interventions

Concernant la fréquence des différents types d'interventions (variables de base, variables supplémentaires, autres techniques), Speierer (1995b) a mené une enquête auprès de tous les thérapeutes de l'association allemande de la thérapie par entretien (« Gesellschaft für wissenschaftliche Gesprächstherapie » GwG ; environ 500 thérapeutes (50%) ont répondu). Selon leur propre évaluation, la variable thérapeutique la plus utilisée est la *considération positive* juste avant l'*empathie* et la *congruence*. Parmi les variables supplémentaires, les plus fréquentes sont la *différenciation*, la *confrontation* et le *résumé / la synthèse* (« Fazit-Ziehen »). L'intervention du *focusing* est aussi utilisée assez fréquemment, alors que la « *self-disclosure* » et des techniques d'autre provenance le sont moins.

2.5   Nouvelles conceptions en ACP et en approche expérientielle

Ces dernières années, les interventions orientées vers le traitement ont permis à de nouvelles approches importantes d'émerger : la psychothérapie orientée vers les buts (« Zielorientierte Gesprächspsychotherapie ») et surtout la thérapie orientée vers la clarification (« Klärungsorientierte Psychotherapie », KOP) de Sachse et ses collaborateurs (Sachse, 1992, 1996 ; Sachse et al., 2009) ; de même la psychothérapie expérientielle orientée vers le processus (« Process-experiential Psychotherapy » ; Greenberg, Rice & Elliott, 1993 ; Greenberg & Paivio, 1997) et actuellement, la thérapie focalisée sur l'émotion (« Emotion-focused therapy », EFT) de Greenberg et collègues (Greenberg, 2007 ; Elliott et al., 2004)

A la différence de l'ACP « classique », ces approches partagent des points communs : la directivité du processus, le diagnostic du processus et l'indication adaptative, ainsi que la référence aux bases de la psychologie des émotions. Mais ces approches considèrent la création de la relation au travers de l'empathie, l'acceptation et l'authenticité ou congruence, comme des éléments thérapeutiques de base et les processus d'exploration de soi et d'experiencing du client comme des éléments décisifs du processus thérapeutique. Même le « cadre de référence interne » du client demeure central, surtout pour préciser et développer les hypothèses concernant le traitement des cognitions, motivations et des émotions. Alors que l'EFT considère avant tout le traitement des émotions, la KOP se réfère aussi au traitement de l'information et à la régulation des actions de la part du client, chacune en recourant aux concepts psychologiques s'y référant.

2.5.1 *« Thérapie orientée vers les buts » selon Sachse*

Modèle de dysfonctionnement

Le « modèle motivation-émotion-régulation » de Sachse propose un cadre conceptuel heuristique pour la description du traitement intrapsychique et de la régulation de l'action du client. Il comprend trois domaines : (1) les conditions environnementales actuelles (stimuli), ainsi que les conséquences, notamment sociales, des actions ; (2) le traitement des stimuli et les informations concernant les conséquences par le biais de processus plus complexes (interprétation, évaluation et attribution) ; (3) les traits de personnalité ou les structures durables. Le traitement est influencé par les informations sur les stimuli, les variables dispositionnelles (par ex., le savoir) et d'autres processus. Le domaine des traits de personnalité comprend les *déterminants internes*, des structures durables (savoir et postulats concernant le monde, la situation, la personne elle-même ; les motivations, etc.).

Les « schémas » occupent une place centrale. Ils sont activés par les conditions de la situation actuelle et influencent le traitement qui suit. Ils peuvent mener à des processus de traitement de l'information et affectifs hautement automatisés, pouvant se produire sans dépense de capacité, de manière rapide, rigide et non consciente pour la personne.

Les schémas dysfonctionnels n'activent pas seulement les émotions et les états affectifs sous-jacents (comme les émotions de base de peur, tristesse, colère, etc. ; ou la gêne et la tendance à l'évitement), mais aussi les significations ressenties (« felt senses », ressentis de réactions corporelles comme l'inquiétude ou la tension). Le client peut montrer des déficits ou des difficultés spécifiques pour toutes les facettes du traitement : par exemple, une représentation erronée (de la situation, de ses motivations propres), des résistances (ambivalences ; conflits envers le vécu ou les buts), des schémas émotionnels déformés (« une erreur est une catastrophe »), des schémas personnels (« déni »), ou encore une dépendance exagérée aux normes (orientation vers l'extérieur).

Techniques d'intervention (survol)

La « Zielorientierte Gesprächspsychotherapie » a pour buts thérapeutiques : la clarification, l'actualisation du problème (par exemple, par l'activation du vécu par les schémas) et la restructuration (refléter, comparer, mise à l'essai de nouveaux schémas), ainsi que l'intervention qui vise un mode de traitement problématique (par exemple, des tendances à l'évitement cognitif ou l'impulsivité). La création de la relation thérapeutique demeure un point central, avec les offres de relations « classiques » sur lesquelles se base l'alliance de travail (« therapeutic bond »). Des exemples de *principes d'action thérapeutique* de la ZGT sont d'aider le client à internaliser sa perspective, d'activer un traitement émotionnel, de travailler « dans les limites du possible », d'ancrer les interventions dans la problématique actuellement représentée par le client ou d'éviter la confusion ou l'absence de concrétisation.
L'exemple d'entretien thérapeutique présenté au chapitre 7 illustre une telle démarche dirigée vers le processus chez un client souffrant d'humeur dépressive, de conflits sociaux, de problèmes de couple et de difficultés au travail.

2.5.2 « Emotion-focused therapy » selon Greenberg et collègues

Modèle de dysfonctionnement

Le postulat élémentaire de la thérapie focalisant les émotions (« emotion-focused therapy », appelée à ses débuts aussi « process-experiential psychotherapy ») porte en particulier sur la fonction et la signification des processus émotionnels. Son objectif réside en la nouvelle construction de significations et des formes de réactions émotionnelles. Le *modèle de dysfonctionnement* repose sur des hypothèses concernant le traitement perturbé des émotions, par des schémas émotionnels dysfonctionnels. Les émotions et les états affectifs sont considérés comme un système de signification primaire comprenant des informations sur les ressentis corporels et les tendances à l'action, notamment les aspects d'évaluation (« appraisals ») qui sont, avec les traitements cognitifs conscients, à la base de nos actions. Les émotions primaires (comme la peur, la colère, la tristesse, la joie ou la honte) ont une fonction adaptative pour l'individu et le milieu, par laquelle des tendances à l'action sont activées, l'attention éveillée et d'autres personnes informées. Le traitement automatique (avec les émotions primaires comme résultat) est suivi par des processus plus complexes, par lesquels sont intégrées d'autres informations sensorielles et liées à la mémoire, ainsi que des contenus de représentations en vue d'un « felt sense » de nous-mêmes et de la situation (le monde). Cette synthèse d'ordre supérieur de différentes étapes de traitement est appelée « schéma émotionnel » et sert d'objet central aux efforts thérapeutiques.

Les différentes formes d'émotions d'après Greenberg :

(1) Les émotions *primaires adaptatives* : elles se réfèrent à l'état de la personne à ce moment-là, constituant la première réaction d'une personne face à un événement. Elles peuvent être assez simples, comme la colère, la tristesse, les pleurs, ou complexes, comme la jalousie.

(2) Les émotions *primaires maladaptées* : des émotions que les personnes vont regretter d'avoir éprouvé (par ex., une peur prolongée et excessive, une colère nettement disproportionnée).

(3) Les émotions *secondaires* : une « défense » contre une pensée ou un sentiment plus élémentaire ou primaire. Les facteurs situationnels ou culturels peuvent être en jeu. Par exemple, un homme déçu ne va pas forcément montrer de la tristesse, mais de la colère, selon sa culture. Une femme en colère va plus facilement montrer de la tristesse.

(4) Les émotions *instrumentales* : une réaction émotionnelle en fonction d'une pression ou anticipation sociale ; par ex., une émotion qui se s'accorde aux attentes pour produire un effet et qui peut se révéler manipulatrice (par ex., les larmes de crocodile).

Les significations personnelles consciemment perçues reposent sur trois processus : (1) la synthèse d'une sensation ou d'une signification ressentie ; (2) l'ancrage de l'attention et de la symbolisation consciente dans une réalité personnelle ; (3) la génération d'explications de l'expérience symbolisée pour faire émerger une verbalisation cohérente (structure narrative) et la mettre en relation avec le Self.

Toutes les émotions ne sont pas discrètes – à distinguer l'une de l'autre – comme le sont la peur, la colère ou la tristesse. Souvent, il existe des états affectifs complexes qui reposent sur des schémas émotionnels individuels formés principalement à travers les expériences d'apprentissage de la personne.

Techniques d'intervention (survol)

Les techniques d'intervention se basent avant tout sur les variables de base de la relation thérapeutique. Les interventions dirigées vers le processus s'orientent vers l'activation et l'actualisation des schémas émotionnels : le thérapeute stimule et soutient le traitement de l'information (surtout l'attention) du client, dans le but que ce dernier active les processus et les expériences émotionnelles et qu'il puisse développer par la suite de nouvelles significations personnelles. Des « marqueurs » spécifiques permettent la reconnaissance d'états émotionnels particuliers de l'expérience, pertinents au niveau thérapeutique, et activés par des interventions spécifiques.

Une tâche thérapeutique centrale est l'évocation de l'expérience émotionnelle, par le recours aux émotions primaires y reliées, et qui peuvent présenter des informations pour d'autres significations personnelles ultérieures.

Exemple : un fort sentiment de culpabilité est enrichi et rendu à nouveau vivable par la colère originelle qui le sous-tend – qui jusqu'à présent ne peut pas être vécue ou exprimée – y compris au niveau des significations corporelles ressenties. Ces dernières doivent en effet être représentées symboliquement, enrichies et intégrées à de nouveaux schémas plus flexibles.

La psychothérapie expérientielle dirigée vers le processus intègre également des techniques d'intervention de la Gestalt-thérapie (par ex., Perls, Hefferline & Goodman, 1951, 1979 ; Fuhr, Sreckovic & Gremmler-Fuhr, 1999) et, tout comme le processus explicatif de Sachse, en plus de l'orientation vers la relation, met aussi l'accent sur la clarification et le traitement (restructuration).

Pour le travail central sur les émotions, Greenberg et Paivio (1997) proposent des stratégies d'action différenciées. Ils distinguent trois formes principales d'émotions (voir aussi encart ci-dessus) : primaires, secondaires et des états émotionnels instrumentaux. Les formes principales peuvent apparaître sous des variantes spécifiques : par ex., prendre en compte dans les émotions primaires adaptées, des émotions primaires discrètes, comme la tristesse pour le deuil (perte), la colère pour l'abus ou le viol, ou encore la peur pour la menace ; mais aussi des sensations ou des significations corporelles ressenties ou une douleur émotionnelle. Des exemples d'états affectifs *primaires « inadaptés »* (ou maladaptés) sont les peurs phobiques (comme la panique), une colère démesurée et prolongée ou des sensations complexes comme la perte de l'estime de soi. Les états affectifs *secondaires « inadaptés »* comprennent des sentiments négatifs comme l'impuissance ou la perte d'espoir, notamment lorsqu'ils généralisent. Des états émotionnels *instrumentaux « inadaptés »* sont par exemple les « larmes de crocodile » (voir aussi encart ci-dessus).

Des interventions spécifiques sont mises en place pour chaque forme d'émotions : en travaillant avec les émotions *primaires adaptées*, il s'agit de mettre à disposition des informations supplémentaires, des tendances d'action et des besoins, qui permettent d'activer et de mettre en exergue le *caractère fonc-tionnel* de ces émotions, même désagréables. Pour les états émotionnels *pri-maires inadaptés*, le schéma émotionnel dysfonctionnel doit être rendu acces-sible et restructuré. Les sensations *secondaires inadaptées* (comme l'impuis-sance ressentie face à une situation qui « objectivement » (ou dans une pers-pective inter subjective) ne dépasse pas les capacités de la personne) doivent être explorées attentivement. Pour les sensations *inadaptées instrumentali-sées*, l'attention doit être dirigée vers leur fonction interpersonnelle ou vers leurs bénéfices secondaires (par ex., liés aux troubles psychiques).

Greenberg distingue trois processus du changement émotionnel :
(1) L'augmentation de la conscience émotionnelle (« emotional aware-ness »), par la direction et la réorientation de l'attention et de la prise de conscience, et par la mise en lien avec les constructions narratives.
(2) Permettre, accepter et faire confiance, en se référant à des formes plus mûres de la régulation émotionnelle – plus mûres par rapport à des ré-actions affectives dysfonctionnelles de « l'enfant blessé » comme l'appelle Greenberg.
(3) Le transfert et le remplacement des réactions affectives dysfonctionnel-les par des d'autres réactions adaptées et l'accès à d'autres souvenirs émotionnels ; en recourant aux « voix » du Self et des autres par la réo-rientation de l'attention vers un nouveau besoin ou un nouvel objectif.
Par ces processus, d'autres situations thérapeutiques typiques sont élaborées, comme par exemple pour compléter une « tâche inachevée » (« unfinished business ») au moyen du « dialogue avec la chaise vide » ou pour le traite-ment de conflits internes par le « dialogue à deux chaises ».
Dans le cadre de l'orientation expérientielle dirigée vers le processus, le con-cept de l'*empathie* cst également reconsidéré (par ex., Greenberg & Elliott, 1997). En plus des composantes de l'accordage empathique (« attunement ») et de la communication empathique, d'autres types d'empathie sont différen-ciés (voir aussi chap. 2.3.1 « empathie ». L'accent principal peut être placé plus sur les émotions, ou plus sur les cognitions.

L'*empathie dirigée vers l'émotion* peut mettre au centre l'émotion primaire – avec son caractère fonctionnel ou dysfonctionnel –, l'émotion secondaire y reliée, ainsi que le caractère instrumental-interpersonnel de l'émotion (par exemple, des pleurs de détresse). L'*empathie dirigée vers la cognition* peut d'une part avoir pour objet les aspects idiosyncrasiques de signification dans la construction de la situation émotionnelle (« appraisals »), d'autre part les convictions sous-jacentes (valeurs, standards et convictions de base concernant le soi ou les autres ; voir les cognitions de base liées au schéma dans la thérapie cognitive de Beck et collègues ; Beck, Rush, Shaw & Emery, 1979 ; Blackburn & Cottraux, 2008).

Pour une systématique des *interventions empathiques*, une échelle a été développée et validée ensuite au niveau empirique (Campbell, 1988 ; Goldman, 1991). Pour les catégories de la compréhension empathique et de la supposition empathique, on observe un bon accord inter-juges, de même que pour les émotions primaires. Cependant, l'accord inter-juge pour toutes les catégories prises ensembles se révèle moins satisfaisant.

3. D'autres domaines d'intervention : groupes, systèmes, etc.

Jusqu'ici, le concept d'intervention de la thérapie centrée sur la personne a été présenté pour la *dyade thérapeutique*, c'est-à-dire la relation entre le client et le thérapeute ou le conseiller. A part la psychothérapie, la psychologie clinique et de la santé, l'ACP et les nouvelles approches expérientielles sont également très répandues dans d'autres domaines de la prise en charge psycho-sociale, en individuel ou en groupe (par ex., Pauls, 2011). A présent, nous allons décrire d'autres niveaux et domaines d'intervention, dans lesquels des composantes d'intervention de la thérapie centrée sur la personne sont utilisées dans leur forme originale ou sous une forme modifiée.

3.1 Groupes

L'application des méthodes et des principes de l'approche centrée sur la personne en groupe a été stimulée par le travail de Rogers avec des *groupes de rencontre* (« encounter groups »). Au niveau des groupes, on préfère l'expression « centrée sur la personne » à celle de « centrée sur le client » parce que l'approche ne porte pas seulement sur les personnes souffrant de problèmes psychiques aigus. Le principe des groupes d'entretien centré sur la personne se base sur l'extension au groupe des conditions favorables développées pour la relation d'aide individuelle. L'attitude et les interventions de « l'aidant », appelé aussi « facilitateur » (« facilitator »), correspondent en bonne partie à celles de l'entretien thérapeutique individuel. Les variables de base du *facilitateur* sont considérées comme agent thérapeutique essentiel.

Il s'y rajoute les interactions et les communications des membres du groupe entre eux, dont une partie représente des réalisations spontanées, ou apprises à partir du modèle du « facilitateur », comme par exemple les attitudes centrées sur la personne. Une autre partie est représentée par la communication des propres expériences d'émotions, de perception ou d'évaluation négatives ou positives. En s'adressant et en se référant les uns aux autres, les participants du groupe peuvent s'aider mutuellement dans leurs processus d'*auto-exploration* et, en rajoutant la perspective d'autrui, notamment réduire les incongruences entre leur image d'eux-mêmes et celle qu'en ont les autres (auto-évaluation vs hétéro-évaluation ou perception). Il semble que le travail en groupe centré sur la personne favorise dans ce sens des processus spécifiques dans la dynamique de l'interaction (par ex., Lietaer & Keil, 2002).

Selon la *composition* des participants et en fonction du *but*, on peut distinguer différents groupes centrés sur la personne (pour un survol, voir Schwab & Eckert, 2001). Dans le *domaine clinique*, la TCP est appliquée dans des groupes *ambulatoires* et dans des *institutions* regroupant des patients souffrant de problèmes psychonévrotiques, psychiatriques, psychosomatiques, ainsi que de maladies somatiques, notamment de maladies chroniques.

A part cela, il existe des groupes d'entretien ayant pour but de favoriser, par cette *rencontre*, l'épanouissement, l'enrichissement et le développement personnels. D'autres groupes visent l'amélioration du climat social, de la coopération ou de la solidarité dans des institutions, des entreprises, des écoles ou dans des services à la communauté.
Enfin, ces groupes jouent un rôle important dans la formation en ACP : non seulement les aspects ci-dessus peuvent être vécus et entraînés, mais la fonction de modèle thérapeutique de l'aidant peut aussi être expérimentée. Speierer (2002) ou encore Tschukke et Green (2002) ont présenté des instruments d'évaluation et des résultats à ce sujet.

Il y a des différences concernant la *fréquence* et la *durée* des entretiens en groupe, ainsi que par rapport à la *taille des groupes*. Pour des groupes en institution, on utilise plutôt des séances hebdomadaires d'une durée de 90 minutes. Dans le contexte ambulatoire, on préfère des séances plus longues mais d'une cadence plus réduite. Une autre variante comprend une séance de type « bloc » d'une durée de deux à trois jours (par ex., le week-end) au début, suivie de plusieurs réunions consécutives de plusieurs heures tous les quinze jours (cf. l'étude de Pomrehn, Tausch & Tönnies, 1986, présentée au chapitre 5).
Le nombre minimal de participants aux groupes cliniques ou thérapeutiques est de 5, le nombre maximal d'environ 10 personnes. En dehors du contexte clinique ou thérapeutique, le nombre de participants est le plus souvent de 10 à 15 personnes. Normalement, le facilitateur ou le thérapeute d'un groupe centré sur la personne ne travaille pas seul, mais est assisté d'un « co-thérapeute » ou « co-facilitateur ».

Des recherches empiriques portant sur l'entretien thérapeutique en groupe dans le contexte psychiatrique, par exemple avec des patients souffrant d'un trouble de la personnalité (Eckert, Biermann & Wuchner, 2000), ou de troubles névrotiques, démontrent son efficacité globale (voir chap. 5).

Des études comparant les effets thérapeutiques de la TCP avec d'autres méthodes de thérapie en groupe ont été effectuées dans le domaine psychiatrique (p.ex., Eckert, Biermann, Tönnies & Wagner, 1981). Les effets différentiels issus de comparaisons entre des groupes TCP et des groupes psychanalytiques ont été résumés de la manière suivante (Eckert & Biermann-Ratjen, 1985) : les patients recevant un traitement psychanalytique en groupe s'améliorent davantage concernant leur autonomie, leur indépendance et leur stabilité, tandis que les patients du traitement TCP augmentent leur estime d'eux-mêmes, leur capacité relationnelle et de coopération. Les améliorations concernant les symptômes ne diffèrent pas significativement à la fin de la thérapie, mais sont plus marquées dans les groupes TCP lors de la mesure du suivi, 9 mois après la fin de la thérapie en groupe.

3.2   Systèmes et institutions

Les principes de la relation d'aide et de la rencontre sont aussi utilisés pour des groupes d'entraide, notamment auprès de personnes âgées (par ex., Radebold, 1983), ou pour améliorer les relations humaines dans des contextes institutionnels ou dans des systèmes sociaux, par exemple pour des prisonniers ou pour des juges (pour un survol, voir Janisch, 2001). De même, le concept de base de l'approche centrée sur la personne est utilisé en psychologie pédagogique, notamment pour améliorer l'attitude et le comportement de l'enseignant, ce qui peut avoir des répercussions positives au niveau émotionnel, ainsi qu'au niveau de la participation des écoliers en classe (par ex., Höder, Tausch & Weber, 1979).

Pour l'application des principes et méthodes centrés sur la personne dans le domaine de l'*éducation*, c'est l'entraînement pour les parents proposé par Gordon (1970 ; 1997) qui a connu un succès important. Entre autres, la « parole réflective » est proposée comme une variable centrale d'un comportement parental favorable (Perrez, Minsel & Wimmer, 1985). Pour d'autres problèmes, c'est l' « ouverture » et éventuellement la « self-disclosure » des parents qui s'avèrent favorables. A partir de ces notions, on a aussi proposé des programmes de prévention pour familles (Horsten & Minsel, 1987).

3.3   Autres applications

L'approche centrée sur la personne s'applique aussi aux *systèmes de personnes* ou aux aspects systémiques : en thérapie de couple (par ex., Auckenthaler, 1983) et en thérapie familiale (par ex., Heekerens, 1985), mais aussi en développement du management et des organisations (par ex., Seewald, 1988). Durant ces dernières années, le développement et la recherche sur les interventions focalisées sur les émotions pour le traitement des troubles dans le couple ou des troubles relationnels ont reçu une importance croissante (emotion focused therapy of couples ; voir Johnson & Talitman, 1997). Elles sont à compter parmi les approches expérientelles orientées vers le processus.

La thérapie de jeu centrée sur l'enfant comme méthode de traitement repose aussi sur l'approche centrée sur la personne (Axline, 1974). Selon Schmidtchen (1989), elle a pour but : (a) la promotion du développement psychique, (b) l'amélioration des capacités d'apprentissage chez des enfants présentant des retards sociaux, émotionnels et intellectuels (pas au niveau des capacités scolaires), et (c) la réduction des troubles du comportement. Les groupes de thérapie centrée sur la personne avec des enfants ou des adolescents sont aussi un domaine d'application.

Enfin, sur cette base de la ACP, des programmes d'intervention pour des groupes à risque ont également été développés (pour un survol des settings et objectifs spécifique dans les thérapies de groupe, voir Janisch, 2001).

4.   Modèles du dysfonctionnement psychique et de l'étiologie

Ce chapitre introduit d'abord à la conception de dysfonctionnement psychique
« classique » telle que proposée par Rogers (1959). Malgré son manque d'évidence empirique récente, cette conception fournit une perspective intuitive de
certains phénomènes problématiques et leur survenue. Ainsi, elle peut toujours
servir comme *heuristique* de compréhension d'un client, mais aussi comme
premier abord des interventions. Au niveau didactique, elle semble toujours
utile pour préparer la compréhension des conceptions plus récentes du dysfonctionnement et des interventions d'aide qui y répondent.

4.1   Conception de Rogers

La conception de Rogers (1959) concernant le fonctionnement psychique perturbé (modèle du trouble psychique) et son développement (modèle étiologique)
peut être décrite de la manière suivante.
Le *concept du Self* comprend des concepts (perceptions, convictions) importants
et stables de la personne concernant elle-même (par ex., « Je suis un raté »). Il
se développe sur la base des expériences de la personne avec elle-même, ainsi
que sur la base des interactions avec d'autres personnes importantes pour le
sujet (« significant others », comme les parents, les maîtres d'école, les pairs).
Le concept du Self représente le cadre de référence pour toute expérience de la
personne y compris les nouvelles expériences qu'elle fait.
La notion d'*incongruence* se réfère à une situation où de nouvelles expériences
importantes ne peuvent pas être intégrées dans le concept du Self. Dans cctte
situation, on voit survenir des états affectifs négatifs (ou émotions) commc la
tension psychique, l'anxiété diffuse, ou le sentiment de menace. Par conséquent,
les processus psychologiques peuvent être bloqués, de même que le développement ultérieur de la personne.

D'après ce modèle, les troubles et problèmes psychiques consistent en modes
comportementaux et expérientiels négatifs vus comme la conséquence d'une
symbolisation (représentation) d'expérience soit déformée, soit lacunaire (expérience « ignorée »). Le concept du Self étant « dysfonctionnel », il est aussi
rigide et empêche la conscience de faire les expériences en question et de les
intégrer. Par contre, une personne disposant d'un concept du Self « fonction-

nel » arrive à percevoir et à gérer la majorité des expériences sans tension ou anxiété. Rogers parle de la *« fully functioning person »*, personne qui est – en principe – flexible et ouverte à chaque expérience. C'est-à-dire que l'expérience est potentiellement accessible à la conscience, mais pas nécessairement consciente. La « fully functioning person » est ainsi capable d'intégrer un maximum de son expérience de vie et de communication échangée avec autrui.

Les illustrations suivantes présentent le modèle de congruence / incongruence de l'expérience selon Rogers (1951).

Figure 3a. Le modèle d'incongruence selon Rogers (1951)

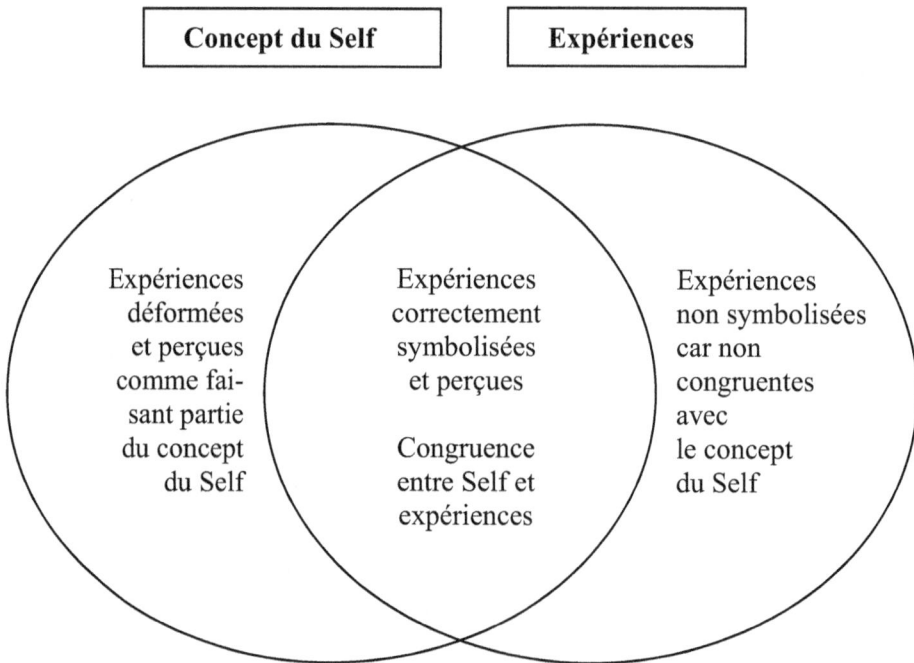

| Concept du Self | Expériences |

Expériences déformées et perçues comme faisant partie du concept du Self

Expériences correctement symbolisées et perçues

Congruence entre Self et expériences

Expériences non symbolisées car non congruentes avec le concept du Self

L'incongruence peut être éprouvée à deux niveaux. Au niveau du Self (B), la personne (un fils) peut vivre des expériences douloureuses (par exemple une mauvaise relation avec son père) et les percevoir comme caractérisant son être propre (le fils ressent de la haine envers son père et en déduit qu'il *est* une personne haineuse vis-à-vis de lui). Au niveau des expériences (C), certaines peuvent ne pas être symbolisées, car elles ne sont pas perçues comme congruentes avec le concept du Self. Dans l'exemple, le fils pourrait à un moment éprouver des sentiments positifs envers son père, mais cela n'est pas compatible avec sa perception de lui-même comme personne (uniquement) haineuse. Un vécu de congruence entre le Self et les expériences reviendrait à percevoir et symboliser « correctement » ces dernières. Le fils serait capable de distinguer d'une part la colère qu'il peut ressentir parfois envers son père de ce qu'il est en tant que personne, d'autre part, les moments dans lesquels il éprouve de la colère d'autres moments où il peut vivre des sentiments positifs. En d'autres termes, il sera possible que le fils devienne une personne plus congruente qui sera ouverte à des sentiments *différents selon les circonstances*, ainsi qu'à des expériences d'ambiguïté.

Figure 3b. Exemple d'ingruence selon le modèle de Rogers (1951)

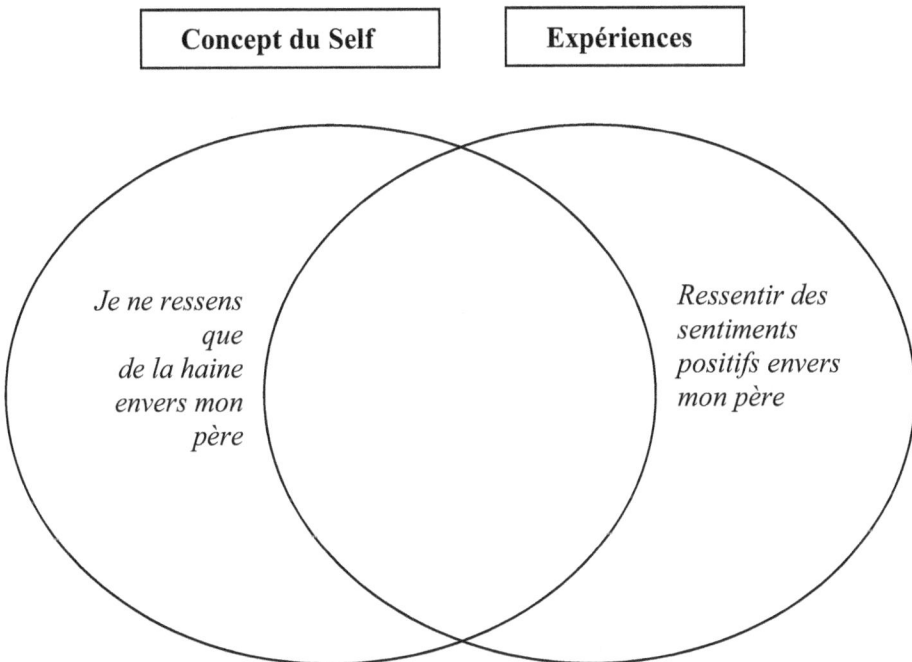

| Concept du Self | | Expériences |

Je ne ressens que de la haine envers mon père

Ressentir des sentiments positifs envers mon père

Le *but de traitement général* vise la réduction de l'incongruence par la restructuration du Self, en lien avec une plus grande acceptation de soi et une « auto-actualisation » renforcée. Les prérequis pour un tel changement sont l'auto-exploration du client, sollicitée par le traitement, ainsi que l'*experiencing*, c.-à-d. l'expérience ouverte et consciente des composantes émotionnelles et des signifi-

cations personnelles et affectives. L'auto-exploration et l'experiencing représentent des *buts procéduraux* que le thérapeute cherche à atteindre dans les interactions thérapeutiques concrètes.

Le *postulat thérapeutique de base* vise une relation thérapeute-client qui – de la
part du thérapeute – se caractérise par la considération positive, par l'authenticité (congruence) ainsi que par la compréhension empathique des expériences
du client dans son cadre de référence personnel. Selon cette conception, ces buts
thérapeutiques de traitement sont applicables à toute personne, indépendamment du problème psychique présenté.

4.2   Modèles différentiels

Plusieurs auteurs ont proposé de nouvelles conceptions, qui comprennent aussi
des hypothèses *spécifiques aux différents troubles* (par ex., Schmidtchen, Speierer & Linster, 1995 ; Speierer, 1995a ; Swildens, 1991 ; pour un survol, voir
Sachse, 1999).

Le *modèle de l'incongruence différentielle* de Speierer (1994) définit l'incongruence comme suit : Des composantes expérientielles ayant une importance
personnelle sont incompatibles avec le concept du Self. Ce dernier comprend
trois catégories : (1) les composantes du Self primaire (dans le sens de l'expérience liée à l'organisme, appelée par Rogers « organismic experience »), (2) les
valeurs introjectées (liées aux déficits de regard positif inconditionnel lors du
développement de la personne ; cf. la conception originale de Rogers) et (3) les
constructions dues à l'expérience de vie. Les composantes avec lesquelles les
expériences actuelles sont incompatibles déterminent le « *potentiel d'incongruence* ».

L'incongruence résulte d'une part des expériences socio-communicatives, notamment durant l'enfance (l'incongruence « apprise », comme le déficit primaire du regard positif inconditionnel), d'autre part, des dispositions bio- ou
neuropsychologiques (par ex., dans certains troubles psychotiques) ou de facteurs exogènes (par ex., lors de l'abus d'alcool, de drogues ou de médicaments).

D'autres causes d'incongruence sont des événements critiques de vie, comme la
menace de l'intégrité psychique ou physique par une agression, une maladie, un
accident, etc. L'incongruence peut être vécue par la personne comme plus (lors
de conflits internes) ou moins *conflictuelle* (par ex., lors d'événements critiques
de la vie).

De plus, au niveau différentiel, les personnes diffèrent par rapport à leur besoin
fondamental de congruence, ainsi que par rapport à leur capacité de réaliser la

congruence. Dans la mesure où il y a toujours des expériences nouvelles et parfois difficiles à gérer, on peut aussi supposer que des personnes saines vivent des incongruences, au moins occasionnellement. Cependant, ces personnes disposent de *stratégies pour les gérer*. Le niveau de *tolérance à l'incongruence* ainsi que les *modes de sa gestion* caractérisent aussi le trouble psychique donné.

Ainsi, le modèle de l'incongruence différentielle distingue trois groupes de troubles (selon la CIM-10) :

(1) Troubles *sans incongruence vécue*

Chez ces patients, le trouble est relativement congruent avec leur concept du Self : ce sont par exemple les troubles des conduites (CIM-10 F91) ou les troubles du contrôle des impulsions (F63) dont l'entourage du client souffre plus que le client lui-même. Des troubles / problèmes qui échappent à la perception (par ex., des oublis inaperçus dans la maladie d'Alzheimer) ou des déficits intellectuels ou perceptifs font également partie de ce groupe, de même que le manque de conscience (« insight ») par rapport à un trouble donné.

(2) Troubles *avec incongruence compensée*

Il existe des symptômes engendrés par l'incongruence, mais ils ne sont pas vécus de manière déstabilisante parce qu'il y a une tolérance à l'incongruence ou une maîtrise suffisante. Exemple : une personne souffrant d'un trouble anxieux (p.ex., d'une phobie spécifique) qui est supportable pour le concept du Self.

(3) Troubles *avec incongruence décompensée*

Une perception au moins partielle de cette incongruence et une motivation à la changer caractérisent ce groupe de personnes (voir le modèle de changement de Prochaska, Norcross & DiClemente, 1994). On trouve beaucoup de cas présentant un trouble dysthymique (CIM-10 F34.1), ou souffrant de troubles anxieux, de troubles de l'adaptation, de troubles de conversion ou de troubles somatoformes (faisant partie du groupe CIM-10 F4). De même, certains cas présentant des troubles psychosomatiques (CIM-10 F54) en font partie.

Selon le modèle de l'incongruence différentielle, c'est pour ce troisième groupe que la thérapie centrée sur la personne est particulièrement indiquée (voir chapitre suivant sur l'efficacité et l'indication).

5.   Efficacité et indication

5.1   Recherches sur les effets

Dans les années 1940 déjà, Rogers eut le mérite d'avoir rendu lui-même les processus thérapeutiques accessibles à l'analyse scientifique par des enregistrements à l'aide d'un magnétophone – une approche révolutionnaire à l'époque. Ainsi, il a été possible d'élaborer des composantes intersubjectives accessibles à une mise à l'épreuve et utilisables pour l'entraînement.

Déjà à l'époque, Rogers et ses collaborateurs ont fait des efforts pour évaluer l'efficacité de la thérapie centrée sur la personne. Par la suite, beaucoup d'études empiriques ont porté sur le résultat et les effets thérapeutiques (recherche sur les effets), sur des caractéristiques du processus thérapeutique (recherche sur les processus), ainsi que sur la combinaison de caractéristiques des processus avec les effets (Sachse & Elliott, 2002 ; Elliott, Greenberg & Lietaer, 2004). Des exemples de recherches sont notamment l'étude de Pomrehn, Tausch et Tönnies (1986) sur l'efficacité de la thérapie centrée sur la personne en groupe, ou encore l'étude de Teusch, Böhme et Gastpar (1997, voir aussi Teusch & Böhme, 1999) sur l'efficacité de la thérapie centrée sur la personne dans le traitement des troubles anxieux sévères, seule ou en combinaison avec la technique d'exposition de la thérapie comportementale. Ces deux études sont présentées ci-dessous.

5.1.1   *Etude sur la TCP en groupe de Pomrehn, Tausch et Tönnies (1986)*

Questions de recherche :
Quel taux de clients souffrant de troubles « névrotiques » montre des améliorations de leurs symptômes ? Les effets thérapeutiques sont-ils stables (après une année, post-cure) et sont-ils accompagnés de changements dans d'autres domaines de la vie ? A quelles conditions thérapeutiques (interventions, caractéristiques du processus) sont-ils liés ?

Description des clients :
103 patients d'un service de consultation psychologique ont participé à la recherche, âge moyen 36 ans (de 19 à 66), dont 59% femmes ; 41% célibataires,

35% mariés et 24% séparés ou divorcés ; 62% avec formation obligatoire ou secondaire, 38% avec maturité. Les symptômes les plus fréquemment présentés : problèmes d'estime de soi, problèmes d'assertivité (par ex., insister et réaliser ses intentions en face d'autrui), troubles affectifs et problèmes relationnels ; 78% des patients présentent des symptômes physiques évalués par les médecins comme symptômes psychosomatiques. 39% des patients reçoivent des médicaments dont ils se sentent dépendants.

Traitement :
On a formé des groupes de 8 à 11 participants avec un thérapeute (« facilitateur ») et un co-thérapeute (13 thérapeutes au total). Les patients participaient en groupe à un week-end thérapeutique (première séance, durée 18 heures ou deux jours et demi) et à 4 séances consécutives (durée 2.5 heures) une fois par mois. Les thérapeutes ont réalisé dans les entretiens en groupe les variables de base de la « considération positive », la « congruence » et l' « empathie », ainsi que l' « activité/engagement » comme variable supplémentaire. La réalisation des variables a été contrôlée de manière indirecte par les évaluations des patients (par séance) : d'après leurs évaluations, 75% des thérapeutes et 63% des co-thérapeutes ont réalisé les variables dans une mesure élevée. Le processus en groupe a aussi été évalué par les patients.

Plan de recherche :
La recherche comprend une mesure pré-thérapie (symptomatologie principale, problèmes dans divers domaines de la vie, tels que relation maritale, enfants, travail, motivation, attentes par rapport au traitement, etc.), une mesure post-thérapie 6 semaines après la dernière séance et une mesure de suivi après une année (suivi) à laquelle ont participé 87 clients, soit 84%. Il s'agit d'un plan de recherche avec groupe contrôle (51 clients de la même institution qui n'ont pas encore pu recevoir un traitement pour des raisons de capacité). Le groupe expérimental et le groupe contrôle ne diffèrent pas significativement concernant l'intensité de leurs troubles initiaux, ou par rapport aux caractéristiques démographiques.

Variables dépendantes :
Au niveau des clients : évaluation de l'amélioration globale et de l'amélioration dans les principaux domaines symptomatiques ou de troubles, ainsi que des changements dans d'autres domaines de la vie concernant l'« auto-communication », complété par diverses auto-évaluations du processus thérapeutique en groupe (ouverture personnelle, disposition à apprendre, confiance dans le groupe). De plus, des hétéro-évaluations par les thérapeutes et co-thérapeutes

concernant l'empathie, la considération positive et la congruence ont été effectuées.

Résultats :
Les clients participant à la thérapie en groupe évaluent l'amélioration globale 6 semaines après la thérapie comme significativement plus positive que les clients du groupe d'attente après la même durée. 70% des clients du groupe expérimental disent se sentir mieux de manière marquée ou très marquée, par rapport à 29% seulement des clients du groupe contrôle. Des résultats analogues se retrouvent pour les changements dans différents domaines de la vie (relation, sexualité, enfants, travail, engagement social, etc.), au niveau du contact avec soi-même et avec autrui, au niveau des problèmes psychosomatiques et au niveau de l'utilisation de substances ou de médicaments ; tout cela évalué par des questionnaires. De plus, les échelles d'auto-communication (instruments spécifiques à la TCP) montrent certains changements en faveur du groupe expérimental. Les clients faisant preuve d'une amélioration importante se décrivent à la fin des entretiens en groupe plus positivement (plus ouverts, plus impliqués affectivement, plus disposés à apprendre d'autres participants, plus confiants dans le groupe) que les clients avec une moindre amélioration. De même, les thérapeutes et co-thérapeutes ont perçu ces clients améliorés plus positivement au niveau des variables de base (considération positive, congruence, empathie).
Lors de la mesure du suivi, une année après, 72% des clients ont évalué leur état comme amélioré, dont un taux plus élevé qu'à la fin de la thérapie l'estimant « amélioré de manière importante ». 5% ont évalué leur état comme « aggravé ». Les évaluations réalisées par les thérapeutes montrent des résultats comparables.

Toutefois, cette recherche comporte un problème méthodologique. Les interventions et les comportements du thérapeute et du co-thérapeute n'ont été évalués que par les clients participant aux groupes ; une analyse des interventions des thérapeutes par des experts sur la base des enregistrements n'a pas été effectuée. Par conséquent, la portée des résultats par rapport aux agents thérapeutiques est restreinte.

5.1.2   Etude de Teusch, Böhme et Gastpar (1997)

Question :
Analyse de l'efficacité de la TCP pour les troubles anxieux – trouble panique avec agoraphobie – et comparaison de son efficacité avec un traitement combinant TCP et exposition comportementale

Patients :
40 patients souffrant de trouble panique avec agoraphobie (selon DSM-III-R), hospitalisés dans une clinique psychosomatique. Âge moyen : 33 ans, 40% d'hommes. Les symptômes anxieux préexistaient depuis 6-7 ans en moyenne et ont été traités préalablement durant 4 ans en moyenne sans succès. La majorité des patients (88%) avait préalablement reçu un traitement pharmacologique (9 patients ont à prendre des médicaments pendant le traitement, sous contrôle). Critères d'exclusion : pas de trouble psychotique ou de trouble de la dépendance préexistant. Les groupes ont été *randomisés* et sont comparables au niveau social et démographique.

Formes de traitement :
(1) Traitement *centré sur la personne « pur »* : Thérapie hebdomadaire durant 14 semaines, basée sur manuel, en individuel (1 séance) et en groupe (4 séances par semaine). Pas de prescription de tâches à domicile ou de tâches d'exposition.
(2) Traitement *combiné* de même durée incluant le traitement centré sur la personne à raison de 1 séance en individuel et de 3 séances en groupe (TCP) par semaine, augmenté par de la « psychogymnastique » et des éléments de création et d'activité, *plus 1 séance hebdomadaire d'exposition* en groupe avec tâches à domicile et entraînement individuel quotidien à l'exposition (selon Mathews, Gelder & Johnston, 1981).

Plan de recherche :
Etude randomisée et contrôlée avec 2 conditions de traitement (2 groupes de 20 patients) et 5 points de mesure : début, fin, suivi après 3, 6 et 12 mois.

Variables dépendantes :
Instruments d'évaluation (par 2 clinicien indépendants) : DSM-SCID-1 (trouble panique et agoraphobie) ; Hamilton Anxiety Scale (HAMA) et Hamilton Depression Scale (HAMD), Fear Survey Schedule (FSS), incluant des échelles d'évaluation visuelles-analogues concernant la préparation à l'auto-exposition aux stimuli phobogènes.

Résultats :
Fin de thérapie : Dans les deux groupes, l'intensité des symptômes de panique et d'agoraphobie est sensiblement améliorée (évaluation selon le SCID), ainsi que l'évaluation de la résistance et de l'interférence avec le fonctionnement au quotidien (selon le FSS).

L'amélioration est très significative, statistiquement et cliniquement. Le taux de cas améliorés a été meilleur dans le traitement combiné, mais la différence d'avec la TCP « pure » n'est pas significative. Le taux de patients avec rémission complète (ou amélioration clinique très importante) est de 60%.

Lors du suivi : après 3 et 6 mois, il y a des améliorations supplémentaires dans les 2 groupes ; le groupe TCP s'approche du groupe combiné, pour atteindre après 12 mois quasiment le même niveau (taux identique). Après 1 an, le taux de patients en rémission complète pour le trouble panique est de 42.5% et de 32.5% pour l'agoraphobie (taux élevés).

Les tailles d'effet de changement à la fin du traitement sont élevées (entre 0.50 et 1.00). Elles augmentent encore après 12 mois (pour pratiquement toutes les mesures ; taille d'effet > 0.80). Pour les symptômes principaux selon le SCID et les échelles de Hamilton : taille d'effet ≥1.50. Les groupes ne se distinguent pas dans les tailles d'effet globales.

Un *résultat différentiel* intéressant est que le traitement combiné s'est révélé plus efficace lorsque les patients s'exposaient plus rapidement aux situations phobogènes, ce à la fin du traitement et surtout après 6 mois. Cette différence disparaît après un an et indique que des changements internes supplémentaires sont survenus auprès du groupe TCP « pure ».

5.2   Recherche sur les processus

Nous présentons ici une étude de Sander, Tausch, Bastine et Nagel (1969) sur les processus en TCP, relativement ancienne mais très intéressante et méthodologiquement pertinente, car elle adopte un *design expérimental* dans le context thérapeutique (voir aussi Truax & Carkhuff, 1965).

Hypothèse :
Les interventions empathiques (empathie comme variable du processus côté thérapeute, en terme de « verbalisations des expériences émotionnelles » ; mesurée par l'échelle VEE ; chap. 7.2.1.) influencent directement et positivement l' « auto-exploration » du client (variable du processus côté client, mesurée par l'échelle AE ; voir chap. 7.2.4).

Réalisation :
Les thérapeutes (N=4) baissent leur niveau de VEE pendant 10 minutes au milieu d'une séance thérapeutique normale et le remontent ensuite au niveau habituel. On mesure les effets sur l'AE chez N=12 clients (3 par thérapeute).

Figure 4. Verbalisation des expériences émotionnelles (VEE) et auto-exploration (AE) dans l'expérimentation de Sander et al., 1968

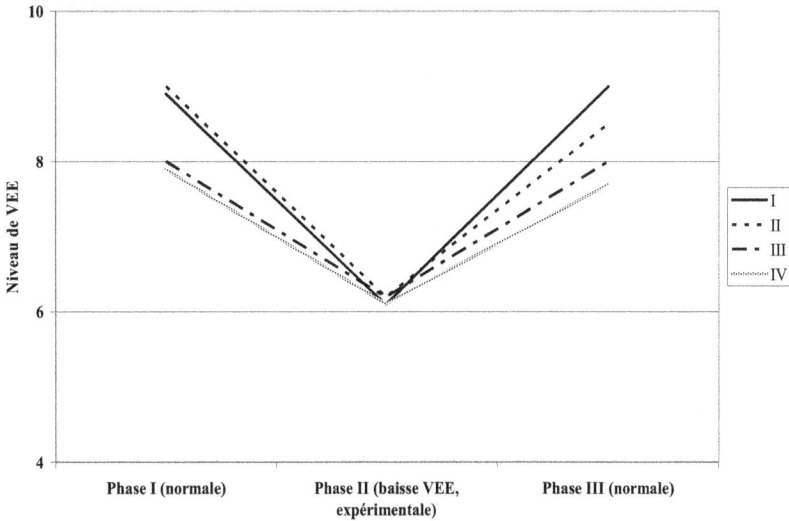

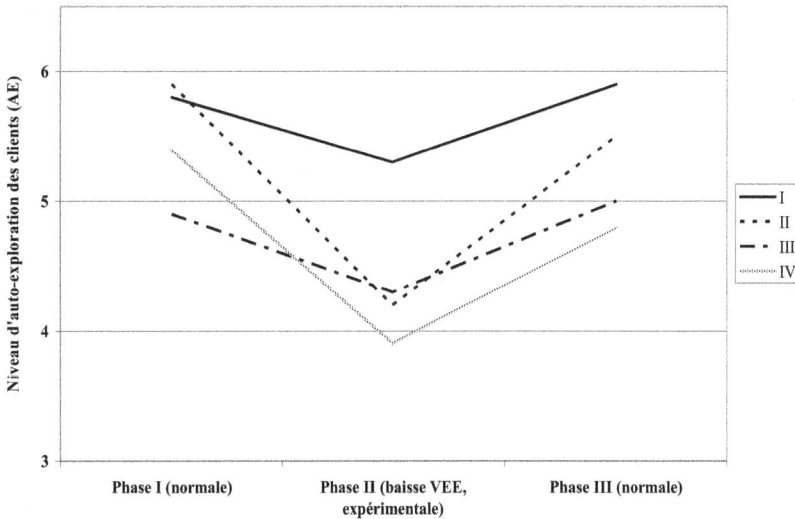

VEE : effets			AE : effets		
(ANOVA, 4 groupes, 3 mesures répétées)			(ANOVA, 4 groupes, 3 mesures répétées)		
	F	p		F	p
Thérapeutes	0.2	n.s.	Thérapeutes	1.2	n.s.
Phases	40.2	<.001	Phases	29.2	<.001
Phases * Thérapeutes	3.8	n.s.	Phases * Thérapeutes	11.6	<.01

Résultats :

Le premier graphique montre que les interventions empathiques ont été réalisées expérimentalement comme prévues (« manipulation check ») : les 4 thérapeutes baissent effectivement le niveau de leur empathie active, durant la phase II et le remontent lors de la phase III (effet « phases » significatif). Les 4 thérapeutes agissent de la même manière (effet « thérapeutes » non significatif n.s.).

Le deuxième graphique montre le résultat principal : les clients changent le niveau de leur auto-exploration *en fonction du changement* de l'empathie de leurs thérapeutes (effet « phases » significatif).

Tous les clients de chacun des 4 thérapeutes ne réagissent pas de la même manière (l'effet d'interaction « phases * thérapeute » est significatif) : par exemple, les clients du thérapeute I baissent relativement peu leur niveau, tandis que les clients du thérapeute II le réduisent beaucoup.

5.3 Méta-analyses sur l'ACP et les thérapies expérientielles

Les méta-analyses résument une série d'études originales réunissant différentes conditions de traitement, dans le but de parvenir à des évaluations généralisables et différentielles de l'efficacité des conditions de traitement de la psychothérapie par entretien, ainsi que de leur efficacité en tant que telles, en comparaison avec des groupes contrôles sans traitement et avec d'autres formes de thérapies. Nous présentons ci-dessous trois méta-analyses pertinentes au niveau scientifique et dont les résultats sont indicatifs de la place qu'occupent l'ACP et les thérapies expérientielles dans le paysage des psychothérapies actuelles.

La méta-analyse de Grawe, Bernauer et Donati (1994) a réuni un total de 35 études contrôlées concernant l'efficacité et comprenant environ 2400 clients. Ces études ont été effectuées jusqu'en 1983/84 et remplissent les critères (i) d'importance clinique et (ii) de qualité méthodologique satisfaisante. Les auteurs ont effectué des analyses des changements pré-post et des analyses comparant les groupes expérimentaux (recevant le traitement TCP) avec des groupes contrôles (sans traitement ; groupes d'attente). Sur la base de ces comparaisons, les auteurs parviennent à la conclusion, que la TCP a une efficacité bien prouvée, notamment par rapport à un grand éventail de troubles et de problèmes traités et de la durée relativement courte de ce traitement : dans la plupart des études, la thérapie durait moins de 20 heures. D'après eux, c'est aussi le nombre et la qualité méthodologique de ces études qui sont considérables, notamment en comparaison avec d'autres approches de traitement théra-peutique.

Par contre, concernant la *comparaison directe de l'efficacité*, les résultats obte-nus par une TCP sont moins favorables. Dans les 6 études comparatives, la TCP s'est avérée moins efficace que les méthodes cognitivo-comportementales et montre à peu près le même taux d'efficacité que les méthodes psychanalytiques. Ces résultats et conclusions ont été critiqués (par ex., Eckert, 1995 ; Biermann-Ratjen et al., 2003) : premièrement, selon ces critiques, la durée des thérapies étudiées a été trop courte (moins de 20 séances), et n'est donc pas représentative des thérapies réalisées dans la pratique clinique. Deuxièmement, une thérapeu-tique qui est (se veut) *non-spécifique* par rapport aux symptômes traités (ceci concernant surtout l'approche TCP « classique ») doit être susceptible de pro-duire des effets positifs à plus long terme, notamment après la fin du traitement, au niveau « post-cure ». Troisièmement, on critique le manque d'instruments et de mesures d'évaluation pertinents pour l'approche (donc « paradigmatique »), ce qui défavoriserait la méthode, parce que la TCP engendre en priorité des changements de structure et non de symptômes.

La méta-analyse de Greenberg, Elliot et Lietaer (1994) réunit 37 études, dont 13 de la TCP « classique » (« client-centered therapy »). Les études ont été pub-liées entre 1978 et 1992 et ne se chevauchent presque pas avec la méta-analyse de Grawe et al. (1994). Pour cette présentation, nous avons réanalysé les études TCP « classiques » séparément. Les 13 études comprennent au total 785 pa-tients dont la majorité souffrait de troubles névrotiques. Ces 13 études montrent pour la fin du traitement des changements positifs assez marqués. La taille d'effet du changement (« change effect size ») se monte à 1.15.
Dans les études qui comprenaient en plus un post-test (fin du traitement) d'autres mesures post-cure (« follow-up »), la taille d'effet s'accroît avec le temps : les patients présentent effectivement des améliorations après la fin du traitement. De même pour des comparaisons contrôlées avec des groupes non-traités (groupe d'attente, « wait-list ») qui se basent sur 8 études, l'effet – le surplus – thérapeutique reste considérable. En comparaison directe avec d'autres traitements (7 études), la TCP classique se présente un peu moins favorable-ment.
Les études de la méta-analyse de Greenberg et al. (1994) ne portant pas sur l'approche TCP « classique » mais sur une approche expérientielle ou sur les interventions dirigées vers le processus (« process-directive »), montrent des ef-

fets supérieurs à ceux de la TCP « classique ». Cependant, il ne s'agit pas d'études comparatives contrôlées et les problèmes traités par les interventions « non-classiques » sont moins graves. Par conséquent, ces résultats restent provisoires et ne permettent pas de conclusion définitive. Néanmoins, les nouveaux concepts d'intervention – « process-directive », « marker-guided », etc. – ont fait leurs premières preuves : ils se sont avérés très efficaces pour certains problèmes, entre autres pour les problèmes relationnels ou de couple.

Elliott, Greenberg et Lietaer (2004) ont soumis leur propre méta-analyse de 1994 (Greenberg, Elliott & Lietaer, 1994) à une analyse différenciée, actualisée et complétée, de l'efficacité des traitements humanistes et expérientiels. Cette nouvelle méta-analyse comprend 127 groupes cliniques issus de 112 études, réunissant plus de 6'500 clients et montrant les résultats suivants (voir tableau ci-dessous).

Résultats de la méta-analyse sur l'efficacité d'Elliott et al. (2004)

Tailles d'effet de changement pré-post

A la fin de la thérapie		0.97
Premier follow-up (1-11 mois)		1.16
Deuxième follow-up (12 mois et plus)		1.04
Taille d'effet globale	non pondérée	0.99
	pondérée	0.86

Tailles d'effet des groupes contrôles
(comparaisons avec des clients non traités)

Différence moyenne	non pondérée	0.89
Différence moyenne	pondérée	0.78

Taille d'effet comparée (formes de traitement entre elles)

TCP dirigée vers le processus *vs* non dirigée vers le processus	0.48

La taille d'effet du changement globale (taille de l'effet du changement pré-post de toutes les formes de traitements « humanistes ») s'approche de 1.0 à la fin de la thérapie et est donc à considérer comme élevée. Au premier temps de catamnèse (1 à 11 mois après la fin de la thérapie), les changements s'avèrent un peu plus élevés et demeurent à un niveau élevé à la deuxième mesure (plus de 12 mois). Ainsi, ces changements globaux se révèlent très stables dans le temps. Même la comparaison avec des groupes contrôle sans traitement est très claire : la taille d'effet moyenne basée sur les groupes contrôle est également élevée et correspond presque à la taille d'effet du changement.

La comparaison de différentes *formes de traitement « humaniste », entre elles,* montre une plus grande efficacité des traitements ciblés ou dirigés vers le processus (méthodes thérapeutiques expérientielles pour le couple, focusing, etc.), que la TCP « classique » ou le traitement de soutien non directif (la taille d'effet de comparaison s'élève à ES = 0.48).
La comparaison avec d'autres formes de thérapie présente des résultats hétérogènes : par rapport aux formes de traitements cognitivo-comportementaux, la TCP « classique » semble un peu plus faible (ES = -0.19), et les formes dirigées vers le processus un peu meilleures (ES = 0.20). Ces différences ne sont cependant pas « cliniquement significatives » (les tailles d'effet de comparaison se situent en dessous du seuil de ES = 0.40, qui peut être considéré comme critère minimal de significativité clinique) et en même temps problématiques dans la mesure où c'est l'efficacité spécifique au trouble qui devrait être évaluée.

La recherche sur les processus thérapeutiques a connu une longue tradition en TCP et beaucoup d'études de validation pour les variables de base, en particulier pour le concept d'empathie. Les nouvelles études se sont surtout penchées sur l' « experiencing » et les niveaux de traitement explicatif des clients, ainsi que sur l'expression et le traitement des émotions (Elliott et al., 2004). Un accent particulier a été mis sur les micro-analyses de séquences thérapeutiques, comme pour les effets approfondissant ou nivelant des interventions du thérapeute dans le processus explicatif. Par exemple, l'« offre de traitement » (Reicherts & Montini, 2006 ; Sachse, 1992) influence fortement le niveau de traitement du client, ou encore, les clients acceptent plutôt les interventions nivelantes que celles approfondissantes (pour un survol, voir Sachse & Elliott, 2002). Concernant la TCP, conformément aux critères basés sur l'évidence de Chambless et Hollon (1998), Elliott et al. (2004) parviennent aux points d'application suivants : dans les dépressions (dépression majeure et trouble dysthymique), la TCP est « efficace », et la psychothérapie expérientielle focalisée sur l'émotion de Greenberg et collègues est « spécifiquement efficace ». Dans les différents troubles anxieux, les données concernant l'efficacité sont moins claires, mais décrivent la TCP comme « probablement efficace ». Dans le traitement des traumatismes (PTSD) et les problèmes d'abus, c'est surtout l'approche expérientielle orientée vers le processus qui est « spécifiquement efficace ». Pour le traitement des problèmes de couple également, cette approche expérientielle semble être « spécifiquement efficace ».

5.4   Indication

On distingue trois perspectives pour l'indication de l'approche centrée sur la personne (par ex., Zielke, 1979 ; voir aussi Baumann, 1981).

(1)   L'indication par rapport aux *problèmes ou troubles psychiques* en termes de *catégories diagnostiques (DSM ou CIM)*

Selon les études empiriques sur l'efficacité, la TCP dispose d'un large spectre d'effets. Bien que les auteurs des deux méta-analyses présentées ci-dessus ne jugent pas les évidences empiriques suffisantes pour justifier soit l'indication soit la contre-indication par rapport à des troubles spécifiques, on peut retenir les points suivants :
La TCP semble s'appliquer en particulier au traitement ambulatoire des *troubles « psychonévrotiques »* (comme certains des troubles dépressifs et anxieux), et ceci dans le contexte individuel ou groupal. De même, elle se prête au traitement des *problèmes interpersonnels* (problèmes de contact, problèmes relationnels et de couple), le setting en groupe facilitant des résultats positifs dans le domaine interpersonnel. La TCP peut aussi être insérée dans le traitement de l'alcoolisme et de la schizophrénie, comme traitement accompagnant une thérapie pharmacologique (médicale), ou dans certains troubles de la personnalité (par ex., la personnalité borderline).
Le modèle de l'incongruence différentielle (MID) de Speierer (1994), décrit dans le chapitre 4, fournit des indications comparables. La TCP comme « traitement d'incongruence » s'applique d'abord aux troubles avec « décompensation de l'incongruence vécue », donc aux troubles dépressifs (sans composante endogène), aux troubles anxieux, aux troubles dissociatifs ou aux troubles psychosomatiques. Concernant les troubles pour lesquels l'incongruence est vécue mais « compensée », il ne semble pas adéquat de « décompenser » le client par la TCP pour que son incongruence devienne traitable.
Concernant d'autres troubles, il s'agit de clarifier cas par cas si les prérequis, notamment la motivation et la capacité de suivre un traitement TCP, sont remplis (voir caractéristiques du client, ci-dessous).

(2)   L'indication sur la base des *caractéristiques (initiales) du client* susceptibles d'influencer le processus thérapeutique

Indépendamment du type de trouble, tous les clients ne profitent pas dans la
même mesure d'un traitement TCP. Les clients ayant dès le début un certain
accès à leurs expériences émotionnelles, qui sont accessibles au niveau verbal-
affectif et qui présentent des capacités d'auto-exploration ou un accès à un mode
d'explication élevé (en tant que traitement intrapsychique), profitent plus de
cette approche de ces interventions. De même, leur motivation, en particulier la
motivation pour clarifier l'incongruence qu'ils vivent (Sachse, 1992), a un effet
positif. D'autres *caractéristiques initiales* pour un traitement par TCP semblent
être les compétences sociales, un besoin élevé d'autonomie, la motivation
d'affiliation et l'auto-affirmation (« assertiveness ») du client (Grawe, Caspar &
Ambühl, 1990). Si les clients montrent de la réactivité et de l'autonomie dans
une mesure élevée, ils profiteront surtout d'une procédure non directive (Beutler
et al., 1991). Les clients fortement *orientés vers eux-mêmes* répondent mieux
aux interventions visant la clarification et les clients fortement *orientés vers
l'action* ou vers l'extérieur profitent mieux d'une procédure confrontative (cf.
Tscheulin, 1992).
A partir d'un diagnostic initial répondant à ces questions (notamment à l'aide
d'instruments pertinents), on peut effectuer un *traitement d'essai* (traitement
probatoire) pour clarifier les prérequis concernant la réactivité du client par
rapport aux interventions types. Ce traitement d'essai (par exemple d'une durée
de 1 à 3 séances) peut aussi fournir des indications concernant le choix d'une
stratégie de traitement et l'adaptation des interventions aux caractéristiques du
client : dans quelle mesure le client répond-il à l'offre relationnelle (selon les
interventions visant la relation thérapeutique) et s'engage-t-il dans les offres
d'interventions orientées vers les tâches, comme par exemple un traitement
explicatif ?

(3)   L'indication en fonction du *processus thérapeutique*

Ici, le processus thérapeutique est considéré comme une série de micro-
séquences thérapeutiques. Par conséquent, l'*indication procédurale ou adaptative* porte sur le choix de certains éléments thérapeutiques pour atteindre des
buts définis à court terme (cf. les « process-tasks » selon Greenberg et al., 1994,
ou la « thérapie visant les buts » selon Sachse, 1992). Pour ceci, on dispose de
approches empiriquement fondées (voir les chapitres 2.4 et 2.5 : interventions
visant des tâches spécifiques et provenant des approches expérientielles).

Des stratégies d'interventions et des modèles de troubles spécifiques ont été présentés pour différents *troubles anxieux* et vérifiés par des études sur l'efficacité (par ex., Teusch & Böhme, 1999), y compris un manuel de traitement. Pour le stress post-traumatique, l' « emotion focused therapy for adult survivors of child abuse » selon Paivio et Nieuwenhuis (2001) représente une proposition de traitement pour les clients ayant subi un ou plusieurs abus durant l'enfance. Cette thérapie ne vise pas seulement la symptomatique, mais aussi la régulation émotionnelle, le concept du Self et les capacités de relations sociales. Pour les *troubles de la personnalité* également, surtout pour la personnalité borderline, des stratégies d'interventions spécifiques ont été développées (par ex., Eckert et al., 2000 ; Sachse, 1997). La même chose est valable pour les *troubles « psychosomatiques »* et les troubles physiques incluant des facteurs psychiques, pour lesquels il existe aussi des données concernant l'efficacité (Sachse, 1999). De travaux portant sur les stratégies d'interventions spécifiques à l'ACP et sur les conceptions du trouble, existent aussi pour le traitement de soutien de la *schizophrénie* (par ex., Luderer, Anders & Böker, 1994).

Par rapport aux *fonctions psychiques* et en référence aux interventions spécifiques dirigées vers le processus et orientées vers le vécu, la TCP s'avère appropriée pour les problèmes suivants (Sachse, 1999) :

(1) Problèmes issus de *schémas émotionnels et/ou cognitifs dysfonctionnels*, qui sont à clarifier et à restructurer, comme pour les troubles anxieux (par exemple le trouble anxieux généralisé, le trouble de stress post-traumatique), les dépressions dysthymiques, les troubles sexuels, les perturbations au niveau de la performance et du travail.

(2) Problèmes pour lesquels l'*inadaptation des concepts de Self, des motifs, des objectifs et des valeurs* est centrale, et pour lesquels la clarification, la restructuration ou une nouvelle structuration sont possibles, comme pour les perturbations de travail, les problèmes de couple ou les troubles relationnels, l'insécurité/inquiétude et certains troubles « psychosomatiques » ou troubles physiques incluant des facteurs psychiques.

(3) Problèmes basés sur les *inconsistances internes*, comme les conflits (durables), les difficultés de prises de décision, ou l'insatisfaction chronique.

(4) Problèmes liés à l'*accès réduit aux propres ressources*, comme les capacités propres perçues, les expériences positives et les possibilités de développement, qui peuvent être activées et intégrées thérapeutiquement, comme par exemple pour l'insécurité, les troubles ou les blocages du développement.

(5) Problèmes issus des *styles d'interaction dysfonctionnels* qui peuvent être modifiés par la création de la relation caractéristique de la TCP et par des interventions spécifiques visant le traitement de la relation interpersonnelle, comme pour les troubles de la dépendance ou les troubles de la personnalité, en particulier pour les personnalités schizoïdes, schizo-typiques et borderlines.

(6) Problèmes liés aux *formes de traitement interne dysfonctionnelles* avec un manque d'accès au vécu émotionnel et aux motivations, qui peuvent être abordés par la clarification et la restructuration des manières internes de réagir, comme pour certains troubles « psychosomatiques » et certains troubles de la personnalité.

6.   Explications théoriques de l'efficacité et « *modus operandi* »

Différents modèles de la psychologie scientifique ont été proposés pour expliquer le *modus operandi* de l'ACP. Une remarque préalable semble nécessaire : les interventions de l'entretien sont complexes car elles comprennent souvent plusieurs moyens psychologiques à la fois, qui ne sont pas complètement séparables au niveau des études empiriques. Par conséquent, il est utile de tenir compte de plusieurs éléments explicatifs sous une forme combinée pour parvenir à une compréhension des mécanismes thérapeutiques sur lesquels repose l'effet thérapeutique de cette méthode. Le chapitre suivant traite des modèles d'apprentissage et des modèles cognitifs visant l'explication des changements chez le client.

6.1   Modèles d'apprentissage

Les principes d'apprentissage évoqués comme éléments explicatifs des effets thérapeutiques de l'ACP comprennent le renforcement verbal, le contre-conditionnement, l'apprentissage discriminatif, les conflits appris, l'apprentissage par modèle et l'efficacité personnelle.

6.1.1   *Renforcement verbal*

Il est possible de modifier le comportement verbal à l'aide d'un renforcement sélectif (Truax, 1966 ; pour le renforcement voir aussi sous-chap. 9.1.1). Les renforcements verbaux et non-verbaux du client par le thérapeute qui représente une source importante de renforcement social mèneraient aux changements verbaux du client, par exemple concernant son auto-exploration. Mais ce renforcement ne peut constituer un facteur thérapeutique, si le comportement du client ne se *généralise* pas de la situation thérapeutique à d'autres situations hors thérapie, dans la vie quotidienne, ou s'il ne se généralise pas du comportement verbal à d'autres modalités comportementales. Un aspect spécifique du renforcement verbal porte sur ce que l'on appelle « l'auto-communication » : le renforcement des verbalisations positives portant sur soi-même changerait le discours interne (« inner speech ») avec soi-même (par ex., Tönnies, 1982 ; Tausch & Tausch, 1990).

6.1.2   Contre-conditionnement

Lors du contre-conditionnement, il y a apprentissage d'un comportement incompatible avec une réponse non souhaitée. Le nouveau comportement peut éliminer la réponse inadaptée, comme dans l'exemple de la désensibilisation systématique d'une phobie (Wolpe, 1958). Dans l'entretien centré sur la personne, les stimuli liés aux expériences et émotions négatives sont associés à de nouvelles réactions qui leur sont *incompatibles* : d'un côté, les sentiments négatifs du client (anxiété, colère, honte, etc.) sont exprimés et actualisés lors de l'entretien, de l'autre côté, ils sont associés à des sentiments positifs engendrés par les réactions du thérapeute (sa considération positive et son empathie). Ces sentiments sont incompatibles avec les émotions négatives et les inhibent progressivement. Au contraire de la méthode de « désensibilisation systématique » sur laquelle repose ce principe d'explication, on devrait plutôt parler de « désensibilisation *non*-systématique » dans le contexte des interventions centrées sur la personne.

Les principes du renforcement social et du contre-conditionnement pris ensemble révèlent un problème de l'explication, si on les applique simultanément : selon le principe du renforcement verbal, le thérapeute devrait en réalisant les variables de base répondre de préférence aux énoncés positifs du client qui portent sur lui-même. Il devrait, en revanche, surtout répondre à ses énoncés négatifs selon le principe du contre-conditionnement, tout en présentant son acceptation et sa considération positive.

6.1.3   Apprentissage discriminatif

Un mécanisme d'apprentissage général impliqué par les interventions de l'ACP (qui fait aussi partie des autres mécanismes d'apprentissage) est le *renforcement de la discrimination des stimuli* (par ex., Truax, 1966). Il s'agit de démêler les différentes expériences émotionnelles et leurs significations pour le client en termes des stimuli discriminatifs qui les accompagnent. Par exemple, le thérapeute renforce des efforts verbaux du client pour distinguer les aspects « objectivables » des aspects « personnels » d'une situation embarrassante (la signification personnelle qui représente une interprétation en fonction d'un concept du Self « timide »). Le moindre effort du client pour distinguer les deux est renforcé par le thérapeute par sa réponse empathique qui peut préciser et différencier cette distinction. Son effet renforçateur est d'ailleurs augmenté par la considération positive. Ce principe pourrait aussi être compris dans les modèles cognitifs (voir ci-dessous).

6.1.4 Modèles de conflit (conflit interne et conflit appris)

D'autres auteurs (Martin, 1972 ; Perrez, 1975) ont proposé d'expliquer le fonctionnement thérapeutique en ACP à l'aide de la théorie du conflit d'après Dollard et Miller (1950). Au centre, se trouve un *conflit entre rapprochement et évitement* : le comportement problématique est maintenu, parce que la réduction (par l'évitement) des émotions négatives, comme l'anxiété, représente un renforcement (« négatif ») trop important ce qui fait que les stimuli redoutés sont évités trop rapidement pour qu'un réapprentissage puisse avoir lieu. Dans le contexte de l'ACP, il s'agit majoritairement des conflits qui sont représentés et maintenus par des stimuli du registre cognitif, imaginatif ou affectif (pensée, imagerie mentale, sentiments). Le but de la thérapie consiste en une *réduction du conflit*, favorisée par deux processus parallèles réalisés au niveau du discours thérapeutique : (i) la tendance au rapprochement (par ex., se confronter à une situation) est augmentée par le renforcement positif (par la considération positive et la compréhension empathique par le thérapeute) ; (ii) en même temps, l'anxiété qui survient est réduite par l'extinction, ce qui mène à un affaiblissement de la tendance à l'évitement.

Figure 5. Modèle du conflit interne (d'après Perrez, 1975)

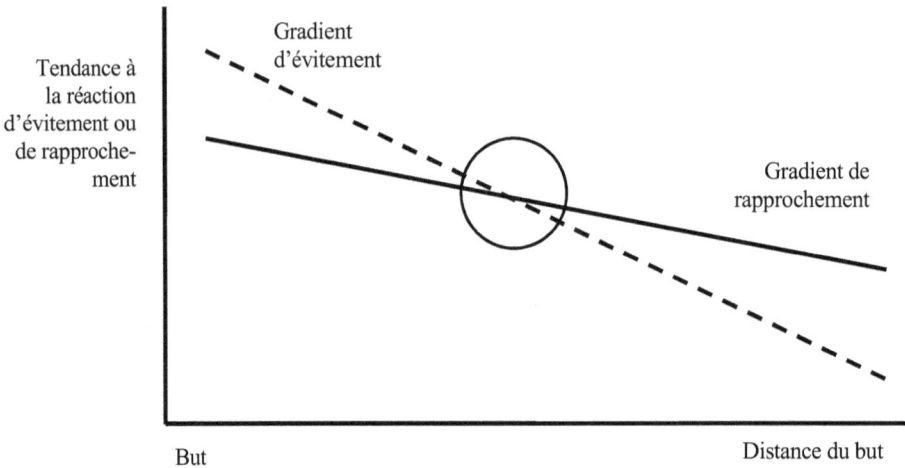

Selon le graphique ci-dessous illustrant le modèle du conflit dans le modus operandi de l'ACP, un processus thérapeutique efficace oscille dans la « région conflictuelle », près de l'intersection des deux gradients du rapprochement et de l'évitement en se déplaçant vers le but conflictuel.

Ces modèles, n'ayant pas été étayés par des études empiriques, restent cependant spéculatifs. Ils ont néanmoins une valeur heuristique, y compris dans des cas singuliers.

6.1.5   Apprentissage par modèle (apprentissage vicariant)

Selon cette approche proposée par Bandura (1969, 1977a), le thérapeute exerce des fonctions de modèles multiples. Par exemple, en réalisant l'empathie, il est un modèle concernant (i) l'expression des expériences émotionnelles, (ii) la confrontation aux problèmes qui jusqu'ici n'ont été traités que de manière fragmentée ou avec des affects négatifs, et (iii) l'attention dirigée de manière calme et détendue sur les problèmes personnels et des composantes du concept de soi. De même, le thérapeute présente, en tant que modèle, certaines caractéristiques relationnelles et d'attention émotionnelle, ce qui peut augmenter les capacités relationnelles du client.

6.1.6   Efficacité personnelle (« self-efficacy »)

Ce processus d'apprentissage portant sur l'acquisition de l'efficacité personnelle (Bandura, 1977b) s'insère comme *méta-principe* dans beaucoup de processus de changement thérapeutique, et dans d'autres approches de traitement également. Le client apprend, en se confrontant à ses émotions, ses cognitions négatives et à lui-même, qu'il est *capable d'y faire face*, de *les supporter*, et qu'il est lui-même le point pivotant des changements, de la résolution des problèmes. De même, il acquiert ou augmente sa conviction d'avoir de l'influence sur les événements et son entourage.

6.2   Modèles cognitifs et modèles de traitement de l'information

6.2.1   Modèles de Wexler et de Reicherts et Pauls

Wexler (1974) a été parmi les premiers auteurs à concevoir le processus thérapeutique en termes de la psychologie cognitive : d'après lui, il s'agit d'un processus de traitement de l'information du client qui est partiellement extériorisé. Le thérapeute y intervient d'une manière spécifique, en tant que

« surrogate information processor » : sa réponse empathique assure trois fonctions : (1) une *fonction dirigeant l'attention* du client (en accentuant certains contenus, en en laissant d'autres de côté), (2) une *fonction organisatrice* (en offrant des structures pour différencier et intégrer les significations de manière plus précise), ainsi que (3) une fonction *évocative* qui active, voire intensifie des contenus importants, et qui stimule l' « auto-actualisation » (conçue dans le modèle comme traitement de l'information). Les verbalisations empathiques offrent de repères pour représenter différemment la structure des significations actualisée chez le client : elle sera *différenciée* et/ou *intégrée*. Dans la thérapie, le client apprend à modifier son traitement dysfonctionnel de l'information, les structures nouvelles ou modifiées permettant une symbolisation plus intégrative et moins déformée des expériences. Reicherts et Pauls (1983), en élaborant ce modèle, ont proposé une méthode qui permet d'évaluer des caractéristiques cognitives des structures expérientielles. Leurs résultats empiriques montrent effectivement que le degré de *différenciation* et de *discrimination* cognitives des expériences émotionnelles est plus bas chez des clients au début d'un traitement centrée sur la personne, comparés aux sujets contrôle et aux thérapeutes ACP. Plusieurs études de cas singuliers montrent un (re)gain de la capacité de différencier et de distinguer les états émotionnels, donc un meilleur traitement affectif (par ex., Reicherts & Wittig, 1984).

La différenciation augmente avec la thérapie. Ainsi diffèrent et changent les qualités de ces dimensions organisant les expériences émotionnelles (Reicherts & Wittig, 1984). L'augmentation de la complexité cognitive (Von Eye, 1999) est aussi liée à ces observations.

Le modèle de *l'apprentissage cognitif* de Toukmanian (1990) se situe dans la même ligne. Selon ce modèle, le processus thérapeutique central consiste à apprendre au client à modifier la construction cognitive de ses expériences et des événements ayant une importance personnelle. Ceci est facilité par des interventions spécifiques qui le confrontent à des tâches spécifiques de traitement de l'information.

6.2.2 Modèle du processus explicatif

Concernant les approches cognitives et de traitement de l'information dans un sens élargi, le modèle du *processus explicatif* de Sachse (1992) est aussi à prendre en compte, ainsi que les hypothèses sur le *concept de schéma,* comme les schémas cognitifs, émotionnels, ou liés à soi (Sachse, 1999). Dans ce modèle, des liens entre les processus cognitifs et affectifs sont élaborés et modifiés par des interventions spécifiques comme les verbalisations explicatives ou le focusing. Les schémas sont « actualisés » par le thérapeute à travers des techniques activant le vécu expérientiel dans un setting thérapeutique, et intensifiés et atteints par l'offre de traitement. De la sorte sont mis en évidence, atteints et finalement intégrés d'autres états affectifs et motivationnels « limitrophes » du client, présentant des informations supplémentaires concernant la situation et les réactions. L'effet thérapeutique est basé sur des processus complexes de *réapprentissage et de nouvel apprentissage cognitif et affectif* : l'évocation d'états affectifs problématiques par une « confrontation » répétée activant le vécu expérientiel, et leur « atteinte » par le biais d'autres informations cognitives et affectives-motivationnelles mènent à leur restructuration par laquelle de nouvelles composantes de réactions internes et comportementales sont intégrées. Des conceptions semblables se trouvent également dans les modèles de la thérapie cognitive et comportementale (voir Power & Brewin, 1997 ; Power & Dalgleish, 1999).

Des *hypothèses relatives à la psychologie des émotions*, en particulier les approches concernant le *traitement des émotions*, ont été présentées en lien avec les interventions proposées par Greenberg et Sachse (voir chapitre 2.5 : nouvelles approches de l'ACP).

6.3 Hypothèses d'explication liées à la théorie de l'attachement

Des *hypothèses théoriques liées à l'attachement* ont été discutées. Elles partent du principe que chez des clients adultes aussi, le système d'attachement est dans une grande mesure activé, en regard de leurs difficultés et de leurs émotions négatives (Grossmann & Grossmann, 1994). L'offre de relation d'aide peut être décrite (par ex., Höger, 1995) dans le cadre de la théorie de l'attachement (Bowlby, 1969, 1978 ; Ainsworth, 1991).
Le système du comportement d'attachement est activé dans des situations d'étrangeté, de menace, de malaise ou de séparation imminente. Cela permet à l'enfant, qui se trouve à proximité de la personne d'attachement – en particulier la mère ou le père – d'élaborer et de recevoir de l'aide, de la sécurité ou de la confiance. Les expériences d'apprentissage avec la personne de référence déterminent le développement du système d'attachement (style d'attachement) dans la petite enfance.

Différentes études avancent que pour les adultes aussi, différents styles d'attachement sont observables, souvent en lien avec la création de la relation et la régulation des affects (Kobak & Sceery, 1988), même si l'état des connaissances actuelles concernant le rapport avec les modèles d'attachement de l'enfance n'est que faiblement établi. Ce qui est significatif du point de vue thérapeutique, est l'hypothèse d'une *incompatibilité du comportement d'attachement* d'un côté avec le *comportement d'exploration* de l'autre : par l'activation d'un système d'attachement, le comportement d'exploration est réduit, voire entravé ou suspendu (Grossmann & Grossmann, 1994) – et avec lui la préparation à la confrontation avec le nouveau, l'inconnu, le menaçant. Il convient de noter que même chez les clients adultes, malgré les difficultés psychiques et les émotions négatives, le système d'attachement est activé dans une large mesure. L'offre de relation du thérapeute propose une réponse fonctionnelle et transmet au client sécurité, confiance et soutien, de manière à ce qu'une confrontation avec sa situation, ses difficultés et son vécu soit possible. L'auto-exploration et l'experiencing sont favorisés et cela peut mener à des expériences d'attachement « corrigées ».

Bien que dans les années passées, une série d'hypothèses intéressantes et pertinentes concernant différents troubles et l'efficacité (différentielle) de l'ACP ont été développées, leur validation au niveau empirique n'est pas encore satisfaisante. Ils manquent également l'intégration dans un modèle compréhensif et cohérent. Mais à part leur valeur heuristique, intéressante également au niveau de l'évaluation de cas thérapeutiques singuliers, ces modèles et hypothèses ont un grand potentiel pour stimuler toute une gamme de nouvelles études empiriques variées. Ceci avec différents paradigmes de recherche, et pouvant corroborer et faire évoluer l'approche centrée sur la personne, qui est déjà une des approches de traitement « basées sur l'évidence » des mieux étayées empiriquement.

7. Processus thérapeutiques : niveaux, concepts, instruments

Ce chapitre présente des concepts et outils pour l'analyse des processus théra-peutiques et du counselling. Il sert surtout à sensibiliser les étudiants aux possibi-lités de préciser les concepts d'intervention – plutôt complexes, larges et parfois vagues – comme proposés dans l'ACP et les modèles plus récents. De surcroît, ces échelles « opérationnalisées » s'appliquent à l'entraînement : ils permettent de comprendre les énoncés des clients et de concevoir des réponses du conseiller. C'est pour ces raisons que nous présentons aussi des échelles plus anciennes (par ex., VEE), tout en reconnaissant l'importance des échelles plus actuelles, telles que l'échelle du processus explicatif (PE) qui peut s'appliquer à un grand éventail de situations et de processus d'aide. Les échelles ont été utilisées dans plusieurs de nos propres recherches (par ex., Defago, 2006 ; Rei-cherts & Montini, 2006) et se sont avérées fort utiles dans de nombreux groupes de formation.

7.1 Niveaux des représentations et comportements manifestes

Lors de tout processus thérapeutique, lors de tout dialogue et rencontre dans le contexte de la relation d'aide, il est possible de distinguer le niveau des con-tenus manifestes – comportement ouvert et échanges verbaux et non-verbaux – et le niveau des représentations, incluant les aspects du traitement interne, comme la compréhension ou les intentions. Ces deux niveaux concernent à la fois le client et le thérapeute. Le graphique ci-dessous permet de visualiser les différentes unités d'analyse (ici représentées par les différentes flèches), ainsi que les séquences que l'on peut focaliser lors de recherches empiriques sur les processus, de type *micro-analyses* (voir par ex., Sachse & Elliott, 2002). La même logique s'applique aussi à toute analyse de cas singulier.

Les divers concepts et échelles présentés dans la suite de ce chapitre peuvent se référer à ce schéma. En effet, chacun de ces concepts tient compte des deux ni-veaux des comportements manifestes et des représentations. L'exemple d'entre-tien thérapeutique reproduit à la fin de ce chapitre permet d'illustrer à la fois ces deux niveaux et la manière dont les différentes échelles peuvent s'appliquer et aider à situer et qualifier la nature du processus thérapeutique en cours.

Figure 6. Niveaux, séquences et unités d'analyse du processus thérapeutique

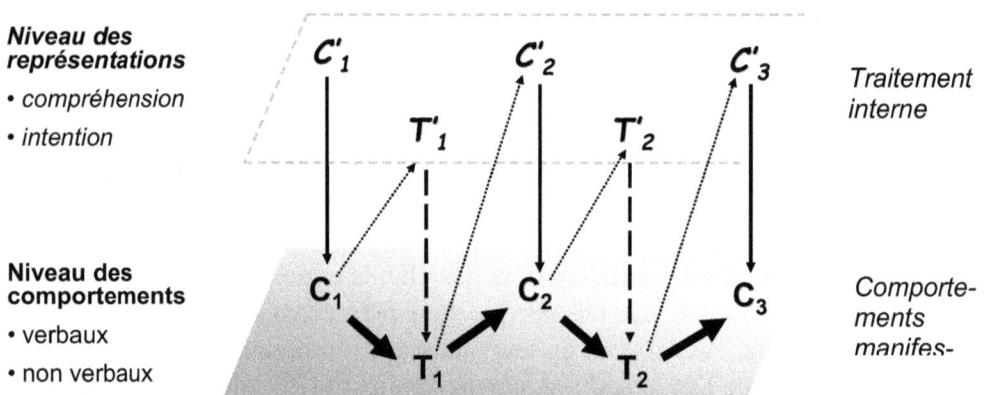

C1, C2, ... comportements (énoncés et éléments non verbaux) du client
T1, T2, ... comportements (énoncés et éléments non verbaux) du thérapeute / conseiller
C'1, C'2,... représentations (compréhension et intention) du client
T'1, T'2,... représentations (compréhension et intention) du thérapeute / conseiller

7.2   Concepts et échelles

7.2.1   *Empathie – Verbalisation des expériences émotionnelles (VEE)*

Développement, fidélité et validité de l'échelle

Truax (1961a), ainsi que Tausch et collègues (par ex., Tausch, 1973), ont développé une échelle qui évalue le niveau d'*empathie verbalisée* par le thérapeute lors d'une intervention qui représente *un* des éléments importants de l'empathie : les aspects du vécu interne du client, notamment son expérience émotionnelle. Des recherches anglo-saxonnes et germanophones attestent que cette échelle est suffisamment valide et fiable, ainsi qu'utile et applicable. Composée de douze niveaux pris deux à deux (soit six niveaux principaux permettant de différencier la qualité de la verbalisation des expériences émotionnelles), elle permet d'obtenir des indices d'accord inter-juges satisfaisants, voire bons, après un entraînement adéquat. La cotation supérieure est choisie (par ex., 6 à la place de 5) si le niveau en question est clairement atteint et repose sur une formulation réussie.

Tableau 1. Echelle de la verbalisation des expériences émotionnelles (VEE)

Niveau	
1 - 2	Le thérapeute ou conseiller ne se réfère pas aux aspects personnels, ni internes ni externes au client ; il donne des conseils, exhorte, etc.
3 - 4	Le thérapeute ne se réfère qu'aux aspects externes au client et ignore les contenus internes.
5 - 6	Le thérapeute énonce des aspects internes au client, mais seulement d'ordre secondaire ou accessoire.
7 - 8	Le thérapeute énonce une partie des aspects internes importants pour le client.
9 - 10	Le thérapeute énonce la majorité des aspects internes importants pour le client.
11 - 12	Le thérapeute énonce tous les aspects internes importants pour le client.

Niveaux 1 et 2. Le thérapeute ou conseiller ne se réfère pas aux aspects personnels, ni internes ni externes au client ; il donne des conseils, exhorte, etc. Ni le « dit explicite » ni le « non-dit implicite » ne sont perçus par le thérapeute et le client peut difficilement se sentir compris par ce dernier.

Niveaux 3 et 4. Le conseiller aborde des aspects externes exprimés par le client, mais ne se réfère pas du tout aux contenus internes. Il demeure en dehors du vécu expérientiel du client.

Niveaux 5 et 6. Le conseiller commence à énoncer des aspects internes au client, mais seulement d'ordre secondaire ou accessoire. Ce n'est encore qu'un timide rapprochement des expériences internes des personnes.

Aux niveaux qui suivent, le conseiller énonce de plus en plus d'aspects internes : « une partie » pour les *niveaux 7 et 8*, « la majorité » pour les *niveaux 9 et 10*.

Niveaux 11 et 12. Le conseiller énonce tous les aspects internes importants pour le client. Une telle formulation est donc très proche du cadre de référence du client. De son côté, le client peut percevoir et reconnaître l'intervention formulée comme cernant de manière pertinente non seulement ce qu'il vient d'énoncer, mais aussi ce dont il en avait l'intention.
C'est un peu comme si la communication se fait à deux niveaux : l'un explicite, décelable à partir des expressions verbales et observables (comporte-

ment etc.), l'autre plus implicite, mais non moins important, peut se traduire par l'expérience, chez le thérapeute, d'avoir perçu juste et pu transmettre ce perçu ; chez le client, d'avoir transmis juste et de sentir la perception adéquate de l'autre.

L'acquisition de cette capacité de verbaliser les aspects internes et les expériences émotionnelles du client est exigeante. Elle met en évidence l'importance de la formation et de la pratique.

7.2.2 Congruence / Authenticité du thérapeute

Développement, fidélité et validité de l'échelle

Le concept a été opérationnalisé par une échelle développée par Truax (1962a ; Truax & Mitchell, 1971) et Tausch et collègues (1973). Comme pour l'empathie, des recherches sur cette conception opérationnelle permettent de considérer cette échelle comme suffisamment fiable, valide, applicable et utile. Elle mène à des indices d'accord inter-juges bons, ou en tous les cas satisfaisants, après un entraînement judicieux. Elle comporte cinq niveaux.

Description des niveaux

Aux deux premiers niveaux, le thérapeute présente des discrépances marquées entre expérience et énoncés, une position de défense et des contradictions au niveau verbal. Son comportement apparaît impersonnel et « professionnel », dans le sens que ses énoncés semblent *ex cathedra*, schématiques ou préparés. Aux niveaux plus élevés, les énoncés semblent de plus en plus congruents avec les expériences du thérapeute, il apparaît de plus en plus naturel et transparent, sans être distant, réservé ou retenu. Au niveau le plus élevé, le thérapeute est libre et lui-même, se confronte sans réticence aux problèmes, et profite activement de ses expériences personnelles positives ou négatives envers le patient. Il les assume de manière optimale et spontanée.

7.2.3 Considération positive / Regard positif inconditionnel

Développement, fidélité et validité de l'échelle

Ces dimensions de la considération positive ou du regard positif inconditionnel ont été proposées par Truax (1962b ; Truax & Mitchell, 1971) et Tausch et collègues (Tausch 1973). Comme pour les échelles précédentes, des études permettent de la considérer comme suffisamment fiable, valide, applicable et utile. De même, des indices d'accord inter-juges satisfaisants à bons sont généralement obtenus après un entraînement pertinent. L'échelle comporte cinq niveaux pour lesquels trois dimensions sont évaluées :

1. Le thérapeute donne-t-il des conseils ?
2. Quel est le degré de son acceptation ?
3. De quelle nature est son regard positif ?

Description des niveaux

Au niveau le plus bas, le thérapeute donne des conseils, n'accepte pas le client et peut même le « dévaloriser » selon ses critères personnels. Ses réponses sont machinales et son écoute passive. Aux niveaux suivants, il ne donne plus de conseils, et son degré d'acceptation est de moins en moins restreint par ses critères personnels ou par un besoin d'aider. La qualité de son regard positif semble de moins en moins obligeant le patient, possessif, ou dirigiste. Dans les niveaux supérieurs, le degré d'acceptation est élevé, l'intérêt pour le client « évident et sincère, tout en n'entravant pas son autonomie ». Idéalement, l'acceptation est inconditionnelle : le client est perçu dans son propre système de référence, son autonomie est entièrement respectée.

7.2.4 Auto-exploration

Développement, fidélité et validité de l'échelle

Différents niveaux qualifiant l'auto-exploration du client ont été proposés par Truax (1961b) et Tausch et collègues (par ex., Tausch, 1973). Les recherches empiriques faites à ce sujet permettent de considérer cette échelle comme suffisamment fiable, valide, applicable et utile. Comme l'ont souligné Biermann-Ratjen et al. (2003), l'*auto-exploration* caractérisant le processus du client dans l'échange thérapeutique est une variable complexe. Les niveaux se réfèrent notamment à la proximité des contenus personnels et à la dimension externe-interne des contenus évoqués (événement vs comportement vs expériences internes, effort à clarifier et capacité à trouver de nouveaux aspects). Ainsi, Schwartz (1975) propose de décomposer le concept en trois échelles séparées : (1) l'intensité de la référence / confrontation à soi-même, (2) la proximité affective de ses propres expériences en les verbalisant, et (3) l'attitude par rapport à ses sentiments (refusant vs acceptant).

Description des niveaux

Le tableau ci-dessous montre l'échelle (traduite par Reicherts, 1998). Au niveau le plus bas, le client ne parle pas du tout de lui-même, mais seulement de faits totalement indépendants de sa personne. Aux niveaux suivants, il parle de personnes ou de choses qui sont en lien avec lui, ou encore de son comportement mais sans mentionner d'expériences internes. C'est à partir du niveau 5 que des expériences internes sont exprimées, bien que la majeure partie de l'énoncé se centre encore sur des événements extérieurs. A partir du niveau 6, ce rapport s'inverse. Dans les trois derniers niveaux (7 à 9), le client tend en plus à clarifier ses contenus internes, à en parler de manière explicite et détaillée, en recherchant de nouveaux aspects et contextes.

Tableau 2. Echelle de l'auto-exploration du client

Niveau	
1	Le client ne parle pas de lui-même (rien de personnel), ni de son comportement, ni de ses expériences internes. Il ne parle que de faits qui sont indépendants de sa personne.
2	Le client ne parle pas de lui-même, ni de son comportement, ni de ses expériences. Mais il parle de personnes / choses qui sont en lien avec lui (p.ex., ses parents, sa voiture).
3	Le client parle des événements extérieurs et de son propre comportement, sans mentionner les expériences internes qui y sont liées.
4	Le client parle des événements extérieurs et de son propre comportement, sans mentionner ses expériences internes qui y sont liées. Cependant, on peut supposer que le contenu est lié à des émotions ou revêt une importance personnelle.
5	Le client parle de son comportement ou des événements extérieurs ainsi que des expériences internes qui y sont liées. La majeure partie de son énoncé porte sur la description du comportement et des événements extérieurs.
6	Le client parle de son comportement ou des événements extérieurs ainsi que des expériences internes qui y sont liées. La majeure partie de son énoncé porte sur ses expériences internes.
7	Le client parle majoritairement de ses expériences internes. De plus, il a tendance à clarifier ses expériences internes ; par exemple à les voir dans un contexte nouveau, à se demander d'où elles viennent, à remarquer des contradictions.
8	Le client parle de manière explicite et détaillée de ses expériences internes. Sa recherche de nouveaux aspects et contextes dans ses expériences est évidente.
9	Le client parle de manière explicite et détaillée de ses expériences internes et personnelles. Il trouve des aspects et des liens nouveaux au niveau de ses expériences.

7.2.5 Processus explicatif : traitement et offre explicatifs

Développement, fidélité et validité de l'échelle

Sachse (1992) a proposé deux échelles correspondantes : l'une se réfère à l' « offre de traitement explicatif » du thérapeute ; l'autre évalue le « niveau de traitement explicatif » du client, suivant l'offre du thérapeute. Ces concepts remplacent, pour le client, celui d'« auto-exploration ». Les niveaux du *traitement explicatif* permettent de clarifier la « profondeur » du traitement expérientiel du client, et offrent un concept correspondant pour le thérapeute. L'échelle dérive de conceptions théoriques et peut être considérée comme une échelle ordinale à huit niveaux dont la transitivité est vérifiée (Sachse, 1992). La fidélité et la validité ont été vérifiées dans trois études et sont satisfaisantes, avec des accords inter-juges s'étendant de .79 à .85, pour le client, et de .74 à .81 pour le thérapeute (pour une description plus détaillée, voir Sachse, 1992). Dans nos propres recherches, les échelles se sont avérées également bien fiables et valides (Defago, 2006 ; Montini Lirgg, 2005 ; Reicherts & Montini, 2006).

Description des niveaux

Le tableau suivant présente de manière détaillée chacun des 8 niveaux de cette échelle (traduite par Reicherts, 1998), en y spécifiant à la fois la qualité de traitement du client et celle de l'offre du thérapeute.

Les niveaux permettent de cerner le mode ou degré d'explication – ou d'élaboration clarifiante – auquel le client traite le contenu abordé, ainsi que le niveau de l'offre de traitement explicatif proposée par le thérapeute ou le conseiller. Ce dernier peut soit favoriser un approfondissement du traitement du client, soit l'interrompre ou le freiner par une intervention de niveau moins élevé. Une telle intervention « nivelant » aura un effet moins favorable pour le niveau de traitement ultérieur du client ainsi que pour la suite du processus.

Le niveau 8, le plus élevé, est rare ; les recherches ont montré qu'il n'est atteint que dans 1 à 2% des cas, et que seules 1.3% des offres du thérapeute y parviennent. L'approche permet de réaliser des micro-analyses dans l'étude des processus thérapeute-client (voir schéma et exemple ci-dessous).

Tableau 2a. Echelle du processus explicatif (trad. Reicherts, 1998) (1)

Niveau 1 : **Aucun** **traitement**	Le thérapeute ou conseiller n'encourage pas le client à traiter des contenus qui lui sont importants. Rien ne se passe en termes de contenu expérientiel abordé de la part du client.
Niveau 2 : **Intellectualisation**	Le thérapeute encourage le client à exprimer des hypothèses ou des suppositions concernant les contenus abordés, à les intellectualiser. *Question :* Comment pourrais-je expliquer ceci ? Quelle « théorie » s'applique à çela ? *Réponse :* La personne utilise des savoirs sans relation avec ses émotions ou données (faits) personnelles. Censé représenter une étape du processus explicatif, qui n'est pas « profonde » en termes de traitement expérientiel. Tout le contenu verbal semble demeurer au niveau de « théories », aucun schéma n'est actualisé. Avoir une explication théorique rassure, mais n'a rien à voir avec le problème et ne laisse présager d'aucune solution adéquate.
Niveau 3 : **Rapport**	Le thérapeute encourage le client à décrire de manière concrète le contenu. *Question :* Qu'est-ce qui s'est passé concrètement ? Comment un contenu spécifique (une situation, un comportement) se présente-t-il ? *Réponse :* Par des descriptions concrètes sans avoir recours explicitement à des évaluations et des émotions. La personne aborde un thème personnel, en optant pour une perspective externe, comme si elle en était le spectateur plus que l'acteur. Aucun schéma important n'est activé, mais ce niveau est une base importante pour leur activation puis leur traitement ultérieur.
Niveau 4 : **Évaluation (attributive)**	Le thérapeute encourage le client à donner une valeur au contenu ou aux précédents modes de traitement, de manière descriptive. *Question :* Quelle est la valeur d'un contenu ? *Réponse :* Par attribution d'évaluations au contenu (p.ex., « Y est nul », « faire X est mauvais »). La valeur est considérée comme une caractéristique du contenu. La personne semble se placer dans la position d'un juge externe. Un schéma est activé, mais selon une perspective externe en rapportant de manière émotionnelle ce qu'il s'est passé. Ces émotions et caractéristiques ne sont pas considérées comme faisant partie de sa propre évaluation, mais plutôt de l'environnement (« la situation est triste. »).
Niveau 5 : **Évaluation personnelle**	Le thérapeute encourage le client à donner une évaluation personnelle au contenu. *Question :* Comment j'évalue moi-même le contenu ? *Réponse :* La personne évalue le contenu et reconnaît cette évaluation comme une partie de son cadre de référence. Se différencie du niveau précédent dans le sens qu'il y a une implication apparente du client. Il se pose un peu comme son propre juge. Un schéma important est activé, la perspective est interne. Le client ressent émotions, évaluations et affects mais il ne se pose pas de question sur leur origine ou sur la façon de les percevoir et de les traiter.

Tableau 2b. Echelle du processus explicatif (trad. Reicherts, 1998) (2)

Niveau 6 : **Signification** **personnelle**	Le thérapeute encourage le client à signaler une émotion ou une signification ressentie par rapport au contenu. *Question :* Quels émotions, sentiments ou significations ressenties (« felt sense », sens ressenti) le contenu déclenche-t-il en moi ? *Réponse :* La personne peut actuellement sentir une émotion ou une signification ressentie par rapport au contenu et elle le signale. Nouvelle dimension : à ce niveau, la personne fait l'*expérience* du contenu abordé, est réellement *concernée* par ce qu'elle dit. C'est une sorte de position d'ouverture ou d'accueil libre de jugement.
Niveau 7 : **Explication des struc-** **tures de signification /** **Formation des repré-** **sentations**	Le thérapeute encourage le client à expliquer et verbaliser des aspects (compo-santes) émotionnels de signification de son cadre de référence interne qu'il recon-naît chez lui par rapport au contenu. *Question :* Qu'est-ce qui me fait ressentir ce contenu de cette manière ? *Réponse :* La personne explique et « verbalise » des aspects (composantes) de signification qu'elle reconnaît chez elle par rapport au contenu. En plus de pouvoir sentir et signaler une émotion liée au contenu abordé, la personne peut expliquer et verbaliser une réponse à la question de son ressenti. C'est un travail actif sur la traduction d'aspects problématiques d'un schéma dans des termes cognitifs, conceptuels. Il est question de clarification.
Niveau 8 : **Intégration**	Le thérapeute encourage le client à mettre en relation les aspects de signification expliqués avec d'autres aspects, à trouver des liens, mais aussi des contradictions, et à les intégrer. *Question :* Est-ce que je trouve des relations avec d'autres aspects de signification (chez moi) ? *Réponse :* La personne met en relation les aspects de signification expliqués avec d'autres aspects ; elle trouve des liens, mais aussi des contradictions. Représenterait un traitement expérientiel « optimal », dans le sens où la personne a non seulement senti et signalé une émotion ou une signification par rapport au contenu traité, mais elle est en plus capable de mettre en relation des aspects de significations expliqués avec d'autres aspects abordés. Le schéma est clairement représenté, et comparé à d'autres. Il y a mise en lien avec d'autres ressources et décisions concernant de nouvelles manières d'agir. Une nouvelle signification est donnée au schéma, par un nouveau contexte, un nouveau traitement ou une restructuration.

Analyses séquentielles

Toutes les séquences de l'interaction du counselling ou de thérapie peuvent être analysées en micro-séquences, notamment en triples de type C1 – T1 – C2, dont on compare les niveaux du processus explicatif (voir graphique ci-dessus). On compare (a) le niveau de l'offre de traitement explicatif de Th1 avec le niveau du mode de traitement de C1 précédent (c.-à-d., le thérapeute « approfondit », « nivelle », ou « remonte »), puis on calcule la différence dans le mode de traite-ment du client (C2 comparé avec *son* niveau précédent Cl1). Le graphique montre une séquence de C1=4 – T1=6 – C2=5 : dans ce triple, le thérapeute « *approfondit* » d'abord et le client « *approfondit* » par la suite.

Figure 7. Micro-analyse des séquences (triples) du processus explicatif (avec un exemple C1 = 4 – T1 = 6 – C2 = 5, selon l'échelle de Sachse).

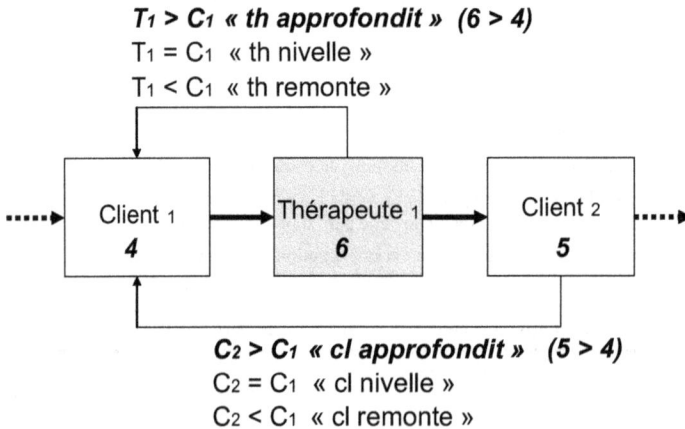

Ce type de micro-analyse est utilisé dans diverses recherches sur les processus d'intervention, notamment sur l'effet de l'intervention explicative du thérapeute (Sachse, 1992 ; Sachse & Elliott, 2002). Nous avons appliqué ce paradigme dans une étude clinique expérimentale sur l'entretien initial, démontrant l'effet positif dans l'immédiat mais aussi à plus long terme des interventions explicatives approfondissantes, réalisées déjà au tout début d'une prise en charge (Reicherts & Montini, 2006 ; Montini Lirgg, 2005).

7.3   Exemple d'entretien thérapeutique

L'extrait suivant d'un entretien est adapté de Sachse (1999, p. 167-168 ; deuxième partie de l'extrait). L'échelle liée au processus explicatif, reproduite dans l'annexe, permet de situer le niveau et la qualité de l'échange entre le client et sa thérapeute, en distinguant les niveaux des comportements manifestes et des représentations présentés ci-dessous. Il s'agit d'un client âgé de 56 ans qui souffre d'humeur dépressive, de conflits sociaux, de problèmes de couple et de difficultés au travail.

C1   ... (*avec emphase*) J'ai éprouvé une rage énorme envers ma mère !

T1   Peut-être pouvez-vous encore y penser une fois : Qu'est-ce qui vous a rendu furieux ?

C2   Son apparence. Mère ; l'ensemble de son apparence. (*pause*) Comme si elle voulait me faire du mal.

T2   Alors comme si elle a fait ça en plus – pour vous faire du mal.

C3   Oui, oui ! Et après encore aussi : « Tu ne viens que maintenant ? » Ou encore : « Je l'attendais totalement autrement. » Même si je l'avais appelée avant et que je lui avais dit de ne pas préparer de repas car nous viendrions l'après-midi pour le café.

T3   Vous l'avez ressenti comme un reproche ?

C4   C'était dit comme un reproche, tout de suite. Ça a toujours été ainsi.

T4   Vous connaissez cela, vous le ressentez souvent ainsi. Peut-être qu'il serait très important que nous puissions regarder tout cela encore une fois. Vous avez dit que son apparence vous rend furieux et c'est tout de suite un reproche…

C5   (*interrompant la thérapeute*) Elle voulait me faire du mal ! Tu dois me prendre telle que je suis !

T5   Qu'est-ce que ça signifie ? Que voulez-vous dire par là ?

C6   « Je ne me change pas pour toi ! » « Tu ne peux pas me commander ! » « Je fais ce que je veux ! »

T6   Peut-être restez un peu avec l'un de ces aspects. Qu'est-ce que ça signifie pour vous : « Je ne me change pas pour toi ! »

C7   « Je ne t'aime pas. »

T7   Vous pouvez le comprendre ainsi ?

C8   Oui. « Je ne me réjouis pas pour toi. » « Je ne me prépare pas pour ta venue. »

T8   Ce que vous ressentez, c'est que votre mère vous dit : « Tu n'es pas important pour moi. »

C9   Tu n'es pas important pour moi (*commence à pleurer*). Si Pierre (*le frère décédé du client*) venait maintenant…

T9   Cela vous rend très triste d'entendre : « Tu n'es pas important pour moi. »

C10   (*pleure, parle lentement, avec beaucoup de pauses*) Je ne peux rien faire… C'était toujours pour Pierre… je ne peux rien faire pour cela, que je ne suis pas Pierre… je n'y peux rien que Pierre soit mort…

T10   Je trouve très important que vous puissiez pleurer. (*pause*). Pour votre mère, Pierre était toujours plus important, et cela vous rend toujours encore triste.

C11   Oui. (*pause*) Je n'y avais jamais pensé. C'est toujours encore ainsi.

T11   Votre mère vous signale toujours encore : « Je ne veux pas du tout de toi. »

C12   (*pleure, parle par saccades*) Elle me fait toujours des reproches, (*pause*) que je vis encore (*pause*) et que Pierre est mort. (*pause*). (*triste et furieux*) Elle me punit pour ça ! Elle me punit encore et toujours pour ça !

On peut observer qu'en T5, la thérapeute opte pour toucher le niveau de la signification personnelle en interrogeant le client sur le sens que cela fait pour lui que sa mère semble vouloir le dévaloriser. C'est le niveau 6 de l'évaluation personnelle qui est visé ici, donc un approfondissement (affectif) des contenus abordés. Le processus se poursuit par des interventions toujours focalisées sur le ressenti affectif du client et de ce que cela signifie pour lui. A partir de C9, le client manifeste ouvertement par ses pleurs, à quel point il est touché et en contact avec son ressenti. Les pauses qu'il fait dès C10 font preuve d'un rapport authentique avec lui-même, dans lequel il semble vraiment laisser les paroles du thérapeute et son propre ressenti résonner en lui. En C12, son niveau de traitement explicatif atteint l'explication des structures de signification, la construction des représentations (niveau 7).

L'exemple illustre bien les interactions manifestes et interdépendantes et les deux niveaux des leurs représentations et de leurs contenus manifestes.

8.   Pratiques des interventions ciblées

8.1   Introduction

Cette partie du manuel traite de quelques interventions utilisées lors de l'entretien psychologique ou dans le counselling. Ces interventions visant des tâches spécifiques partent d'une situation spécifique, visent un but relativement précis et suivent une procédure structurée – et des règles d'intervention – dont les effets sont ensuite évalués. Parmi ces interventions ciblées, nous avons retenu des tâches spécifiques qui correspondent à des situations thérapeutiques et de counselling fréquentes, importantes pour le succès de la prise en charge. Il en existe encore d'autres, comme certaines techniques issues des thérapies « expérientielles » et focalisées sur l'émotion (Greenberg, 2007), ou des approches cognitives et comportementales.

Les interventions présentées ici ne constituent pas en elles-mêmes une thérapie ou un counselling complets mais, en s'ajoutant aux stratégies générales de l'approche centrée sur la personne et aux interventions de l'entretien, elles permettent des démarches plus spécifiquement adaptées au processus, aux problèmes du client, et à ses modes de traitement psychique. Ce sont des démarches qui rendent la thérapie ou le counselling plus efficace et bénéfique pour le client.

Les interventions ciblées représentent une approche plus moderne de la thérapie centrée sur la personne telle que fondée par Carl Rogers. Elles s'appuient sur les interventions de base – caractérisées par l'empathie, la considération positive ou l'acceptation, ainsi que la congruence ou l'authenticité. Tandis que les interventions de base visent en premier lieu à établir et maintenir la relation d'aide facilitant le changement du client, les interventions ciblées visent à favoriser des changements d'une manière plus activement dirigée vers le client.

Les éléments présentés ici reposent en grande partie sur les travaux importants de Tscheulin (1992), de Greenberg (2007) et de Sachse (1992, 1996). Ces auteurs ne se sont pas contentés de proposer de nouvelles stratégies thérapeutiques ; en plus, ils les ont fondées sur les théories de la psychologie scientifique et les ont étayées par des recherches empiriques concernant l'efficacité, les facteurs influençant les effets, l'indication, etc.

Les chapitres suivants mettent l'accent sur une *présentation pratique* de ces interventions, leurs procédures, et leurs applications, en utilisant des exemples concernant le travail du thérapeute ou du conseiller. Les modèles théoriques et certaines bases empiriques sur lesquels ces interventions reposent ont été en partie abordés dans les chapitres précédents, de même que certaines recherches empiriques, à quelques exemples près.

Composantes

En entretien psychologique, dans une perspective d'action ou de « *speech act* » (« acte de langage » dans le cadre d'un dialogue), chaque énoncé repose sur une intention communicative : par exemple, le client veut être compris dans sa description de sa souffrance ou de son problème, le thérapeute veut lui signaler son acceptation et son empathie au travers de ce qu'il a compris. L'intention qui est à l'origine d'un *speech act* ne correspond pas nécessairement à l'intention transmise par ce *speech act* concret (et son contexte), ni à l'intention comprise par l'interlocuteur. Ceci est également vrai pour les buts thérapeutiques envisagés par le thérapeute ou le conseiller.

L'intention du thérapeute ou du conseiller s'insère dans une hiérarchie de buts (voir par ex., Perrez, 1982 ; Huber, 2000) : les « buts stratégiques », plus globaux et à long terme, et les « buts procéduraux », plus spécifiques et à court terme. Les buts présentent en eux-mêmes une structure moyen-fin : la réalisation des buts à court terme étant le moyen – ou l'un des moyens – de réalisation des buts à plus long terme. Pour atteindre un but psychologique, le thérapeute ou le conseiller dispose de moyens techniques issus d'une approche thérapeutique qui reposent sur une théorie de la modification thérapeutique. Dans l'approche centrée sur la personne « classique », par exemple, un *but global et stratégique* est l'adéquation du concept de soi-même (c'est-à-dire le rapprochement entre le concept du Self réel et idéal). Un autre but global est l'augmentation de l'autonomie (l'autodétermination) et de la responsabilité. L'atteinte de ces buts globaux est favorisée par l'auto-exploration du client (but procédural à court terme), qui est elle-même facilitée par des interventions empathiques, notamment par les verbalisations de l'expérience émotionnelle. Le thérapeute essaie, dans cette perspective, de *réaliser chaque intervention* (chaque énoncé) de manière à ce qu'elle transmette une compréhension empathique de sa part et qu'en même temps elle reflète son attitude de considération positive et d'authenticité. Les interventions reposant sur ces variables de base reflètent une stratégie thérapeutique globale qui ne tient guère compte de la situation thérapeutique actuelle, ni du problème et de la personnalité spécifiques du client – à l'exception des contenus et thèmes évoqués par le client et retenus par le thérapeute à ce moment précis. D'où le caractère *non-directif* de cette approche centrée sur la personne dans sa version « orthodoxe », dans laquelle le thérapeute – ou le conseiller – ne fait que « suivre » le client et ses propos.

Ces interventions ne reposent donc pas sur des règles thérapeutiques explicitement élaborées en tenant compte de la situation actuelle, ni d'une structuration de différentes interventions qui doivent être réalisées selon une certaine séquence pour permettre d'atteindre un but.

Par conséquent, cette stratégie de traitement peut s'avérer parfois peu adaptée et dépourvue d'impact, notamment dans les circonstances où le client (1) évite systématiquement certains problèmes et contenus, (2) présente un processus intrapsychique défensif ou externalisant, ou alors (3) a des problèmes à accepter l'offre relationnelle proposée par les variables de base, au moins dans certaines situations critiques dans lesquelles surgissent des problèmes relationnels (par ex., manipuler ou contrôler le thérapeute, etc.).

A la différence de cette conception des buts et interventions, les *interventions ciblées* visent des tâches spécifiques, sont caractérisées par une situation de départ (situation actuelle spécifique) et un but à court terme dont la fonctionnalité par rapport aux buts généraux est mise en évidence ou plausible. Pour répondre à cette tâche, il existe une procédure qui comprend des actions élémentaires ou structurées selon une séquence heuristique, ainsi que des critères d'évaluation (indiquant le succès, la nécessité d'une répétition ou d'un changement d'intervention, etc.). On parle aussi de « *règles technologiques* » (Perrez & Patry, 1982 ; Perrez, 2011 ; pour un survol voir Reicherts, 1999).

La plus « simple » des interventions ciblées présentées ici consiste à *poser des questions*. L'interrogation comprend souvent une seule intervention – une question – qui, dans le cas où elle est bien réalisée (bien ciblée, précise et compréhensible), amène le client à donner une réponse pertinente. Cette réaction du client donne suite à une autre intervention en fonction de la situation thérapeutique atteinte : soit une intervention de base (par ex., une réponse empathique en termes de la VEE), soit une autre intervention ciblée (par ex., un processus explicatif).

La *confrontation* vise une tâche spécifique plus complexe : elle repose sur une situation actuelle (par ex., une information fournie par le client contradictoire avec d'autres informations antérieures) en tenant compte de diverses informations mises en avant tout au long du processus thérapeutique antérieur. Sa réalisation doit respecter plus de contraintes (formulation à la fois empathique *et* confrontante tout en restant compréhensible, etc.). De plus, elle comprend souvent plusieurs micro-interventions ultérieures qui tiennent compte des réactions du client dans le but de clarifier les significations personnelles engendrées par la confrontation et d'aider à intégrer l'aspect soulevé par cette dernière dans le concept du Self du client.

La plus complexe des interventions ciblées présentées ici est le *processus explicatif* qui comprend normalement plusieurs phases réalisées par différentes interventions élémentaires, en respectant des indicateurs donnés par client concernant le niveau de processus qu'il a atteint.

Une partie des interventions ciblées a été conçue pour enrichir et compléter l'approche « classique » de l'ACP. D'autres reposent sur des techniques issues d'autres approches thérapeutiques, notamment des thérapies cognitives et comportementales et de la Gestalt-thérapie.

Toutes ces interventions ciblées, appliquées de manière bien fondée, permettent une plus grande flexibilité pour profiter des situations particulièrement favorables à un changement (la clarification et l'apprentissage). Elles impliquent le client dans une plus grande variété de processus et lui présentent une plus grande richesse d'offres thérapeutiques. Le processus devient ainsi plus efficace pour le client.

Principes généraux pour la réalisation des interventions lors de l'entretien psychologique

Au niveau des « *speech acts* » (actes de langage), on distingue trois types d'actes généraux (selon Austin, 1970 ; Searle, 1972 ; voir aussi Blanchet, 1987). Une *déclaration* est un acte par lequel le locuteur fait connaître à l'interlocuteur son point de vue. Dans l'entretien thérapeutique ou de conseil, il s'agit d'un point de vue portant sur le discours du client. Une *interrogation* est un acte par lequel le locuteur oblige l'interlocuteur à répondre à une question. Une *réitération* est un acte par lequel le locuteur reprend en le répétant (ou en le modifiant) un point de vue énoncé par l'interlocuteur. Toute communication implique d'une part une représentation de la référence (niveau référentiel), d'autre part une opération psychique que le locuteur fait porter sur cette représentation (niveau modal).

On distingue alors :

(1)   le *registre référentiel* : l'instance discursive d'identification et de définition de l'objet dont on parle ;

(2)   le *registre modal* : l'instance discursive qui traduit l'attitude du locuteur à
l'égard de la référence.

Dans l'entretien psychologique, le *préfixe modal* joue un rôle particulièrement
important comparé à d'autres types de communication. En voici des exemples
(de la part du thérapeute) :

« Ce que je ressens en vous écoutant, c'est ... »

« Il me semble que ... »

« J'ai l'impression ... »

« Vous pensez que ... »

« Vous avez l'air de ... »

Selon les types de *speech acts*, on peut également distinguer les formes d'interventions suivantes (Sachse, 1992) : (1) la paraphrase, (2) l'interrogation, (3)
l'élaboration de l'implicite, (4) les directives concernant le processus. Il faut y
rajouter encore (5) donner des informations, comme intervention élémentaire.
En termes de *speech act*, les formes engendrent différents degrés de directivité
dans l'ordre suivant : paraphrase (préférée en TCP classique) – élaboration de
l'implicite – question – information – et directive visant le processus.

8.2   Questionnement – poser des questions

Ce chapitre se réfère en partie à Sachse (1996).

Poser des questions vise deux buts principaux :

(1)   clarifier et compléter la compréhension du thérapeute : concernant le modèle du client et de son problème, les buts et stratégies thérapeutiques et
leur évaluation ;

(2)   aider à diriger et à approfondir le processus thérapeutique de la part du
client.

Par rapport à ces fonctions principales, on peut distinguer : (1) les questions
d'information, (2) les questions de compréhension, (3) les questions concrétisantes, (4) les questions d'approfondissement et (5) les questions « validantes »
(servant d'outil technique préalable).

Questions d'information, de compréhension et concrétisantes

Les *questions d'information* visent à améliorer et compléter la représentation du thérapeute concernant un thème (une situation, un comportement, un processus psychique) avancé par le client. Le thérapeute ou le conseiller a l'impression que le modèle qu'il a du client resterait incomplet sans cette information.

Comme le thérapeute ne dispose jamais d'un modèle complet concernant le client et son problème et comme les questions peuvent déranger et détourner le processus thérapeutique et coûtent du temps, il importe de bien les cibler, c'est-à-dire par rapport au problème ou au « schéma » affectif supposé *central* pour le client.

Une *question de compréhension* est à poser dès que le thérapeute ne comprend pas ce que le client vient de dire (des énoncés ambigus, diffus, contradictoires ou inaccessibles), dans le but de clarifier et d'éviter des malentendus dans l'immédiat. Le thérapeute vise à clarifier l'information reçue du client selon les besoins liés aux buts et stratégies thérapeutiques envisagés.

Le thérapeute devrait poser des *questions concrétisantes* lorsque les énoncés du client sont diffus, globalisants, généralisants. Celles-ci visent un double but : (1) rendre les informations plus concrètes, plus facilement imaginables pour que le thérapeute comprenne mieux et (2) les rendre plus concrètes et « parlantes » pour le client lui-même, en sollicitant une imagination plus vive et affective pour se rapprocher ou activer des situations et schémas affectifs.

Exemples
« Qu'est-ce que vous aimeriez dire avec ...? »
« Qu'est-ce que ceci signifie / implique pour vous ...? »
« Qu'est-ce qui vous fait penser que (cette personne vous voit ...) ? »

Attention : il faudrait *éviter les questions* posées par intérêt personnel ou par curiosité de la part du conseiller. De même, il faudrait normalement s'abstenir de poser des questions lorsque le client est en train de s'auto-explorer ou de réaliser un processus explicatif (voir ci-dessous).

Questions approfondissantes

Les questions approfondissantes visent à encourager le client à approfondir son processus, son vécu, à partir d'une situation (des énoncés) signalant un certain niveau d'explication (au sens de Sachse, 1996, p. 130). Elles profitent par ex., d'une situation d'ouverture ou d'une attention focalisée sur l'exploration, pour maintenir, voire faire avancer le processus explicatif.

Alors que le thérapeute pose des questions d'information et de compréhension plutôt « pour lui-même » (centré sur des buts thérapeutiques, bien entendu !), les questions concrétisantes et, en particulier, les questions approfondissantes sont posées « pour le client ». Elles l'aident et le dirigent vers un processus psychique qui est crucial pour la clarification et le changement thérapeutiques : le processus explicatif.

Le thérapeute demande par exemple :
« Qu'est-ce que cette situation déclenche en vous ? »
« Qu'est-ce que vous ressentez en pensant à cette situation (en imaginant cette situation) ? »
« Qu'est-ce que vous associez à ce sentiment ? »
« Qu'est-ce que ce sentiment signifie pour vous ? »
« Comment vivez-vous vos difficultés dans cette situation ?

Questions validantes

Les *questions « validantes »* ou préalables représentent une variante de questions qui sont d'une grande importance technique (surtout pour les débutants). Elles sont conçues comme des interventions préalables visant à « valider » certaines hypothèses impliquées par une intervention ultérieure envisagée par le thérapeute. Les questions validantes comprennent le plus souvent une verbalisation (VEE) ou une élaboration de l'implicite (supposant une certaine compréhension) qui, une fois « confirmée » ou « validée » par le client, servira de point de départ pour une interrogation ou une intervention ultérieures. Ces questions « validantes » permettent d'éviter beaucoup de malentendus, d'interruptions et de détours du processus thérapeutique.

Exemple :
Cl : (décrit une situation sans en préciser son évaluation affective)
Th : J'ai l'impression que cette situation est très grave pour vous. Est-ce vrai ?
Cl : (confirme)
Th : Qu'est-ce qui fait que cette situation soit si grave pour vous ?

Règles principales dirigeant toute intervention de type « question »

(1) La compréhension précède l'approfondissement

Pour qu'un épisode thérapeutique de clarification, d'approfondissement ou de processus explicatif soit bien ciblé, et pour partir d'une situation favorable (ouverture affective, schéma évoqué, actualisé), il faut que la compréhension du thérapeute et du client soit amenée à un niveau suffisant, à l'aide des questions d'information, de compréhension, ou de validation. Sinon, l'approfondissement part de présupposés incorrects et peut s'interrompre rapidement ou mener à des détours inutiles et coûteux.

(2) « Qu'est-ce que ? » et « Comment ? » au lieu de « Pourquoi ? »

Poser des questions du type « *Qu'est-ce que...* » ou « *Comment ...* » au lieu de questions débutant par « *Pourquoi...?* ». Les questions « Pourquoi...? » sollicitent souvent des réponses en termes d'explications « cognitives », d'attribution causale, ou invitent à l' « intellectualisation ». Elles demandent un processus cognitif mettant en avant des raisons, des conditions (comme l'auto-attention « objective ») et détournent ainsi l'attention (le focus) des émotions, du vécu, des aspects affectifs. Cette attention est souvent « fragile », ce en fonction de la tendance à éviter des expériences désagréables et « difficiles » (en combinaison avec un style de traitement interne correspondant).

(3) Brièveté, précision et simplicité

Les questions sont concises et bien ciblées et évitent notamment de demander trop d'attention cognitive (concentration pour les comprendre) et de détourner le processus cognitif vers l'intellectualisation. La structure verbale doit être simple, bien que le choix du « bon » moment et de la « bonne » question puisse être complexe.

Attention : les clients ayant tendance à « intellectualiser » risquent même de comprendre les questions du type « Qu'est-ce que ...? » comme une demande de réflexion, d'explication, de donner des raisons, etc. Dans ces cas-là, il est nécessaire que le conseiller propose des précisions ultérieures sur ce que le client devrait faire. Contrairement aux clients « intellectualisant », les clients avec une forte auto-exploration (clients orientés vers eux-mêmes ; voir chapitre 8.5 sur la confrontation) prennent parfois les rares questions d'information (« Pourquoi... ? ») pour des questions du type « Qu'est-ce que...? », tellement ils sont engagés dans leur processus. Dans ces cas-là, il faut aussi préciser ce que le client devrait faire (par ex., donner une idée de réponse).
Les questions peuvent s'enchaîner. Il s'agit de bien contrôler, évaluer le résultat d'une question.

(4) « Relativisation » (préfixe modal) en posant des questions – exemples

« Est-ce que j'ai bien compris que _____ ? »
« Ceci me fait penser à _____. Est-ce que ceci est le cas pour vous ? »
« Il semble que vous sentez toujours _____ dans de telles situations. »
« Pour que je comprenne bien, vous voulez dire par là _____? Est-ce juste ? »

8.3   Donner des informations

Une autre intervention élémentaire dans l'entretien consiste à donner des informations, pour annoncer, déclarer ou expliquer quelque chose. Il peut s'agir d'informations concernant la suite du processus, d'explications concernant une intervention spécifique (par ex., le *brainstorming* pour la récolte d'idées ; voir chap. 9.2), de consignes pour une action à effectuer, ou encore d'informations plus générales, par ex., introduisant à l'approche ou au contrat de traitement, ou à un autre thème d'intérêt (par ex., les liens de certains comportements alimentaires avec les effets physiologiques ; ceci dans le counselling accompagnant un traitement médical).

Pour mener à bien cette intervention élémentaire, le conseiller (a) indique au client qu'il s'agit d'une séquence d'informations qui seront données (et pas autre chose, comme une opinion, etc.), (b) veille à ce que le client soit attentif et puisse suivre (des phrases et formulations simples, claires et brèves), et (c) assure par des questions que l'information a été comprise ; demande au client, éventuellement, qu'il (re)dise ce qu'il a compris. Ces composantes devraient être en accord avec les variables de base, notamment l'empathie.

8.4   Directives à l'action et concernant le processus

Cette intervention élémentaire joue un rôle important dans nombre de situations et de tâches de counselling ou de thérapie. Le conseiller prend l'initiative en proposant au client d'effectuer un certain comportement, le plus souvent à titre d'essai, avec des informations et consignes préparant cette action de la part du client. Il peut s'agir de modifier la suite du processus de counselling / de thérapie, par exemple d'aller plus loin dans le *processus explicatif*, de s'engager dans l'*imagerie mentale*, ou d'effectuer des tâches cognitives (par ex., chercher d'autres arguments, effectuer un *brainstorming* pour trouver d'autres possibilités d'action, chercher d'autres perspectives évaluatives pour la *réévaluation*) ou encore d'inviter le client à faire des tâches à domicile. Parfois, ces interventions comprennent la démonstration de l'action à effectuer, en se servant ainsi de l'intervention de *modelage* (voir aussi les interventions ciblées comportementales et cognitives, chap. 9). Selon le type – solliciter une nouvelle action, une continuation, un essai, etc. – la directive concernant le processus peut prendre différentes formes, par exemple :

« Je vous invite à faire _____ »

« Pourriez-vous faire / essayer de _____ »

« Veuillez faire _____ s.v.p. »

« Je vous prie de faire / de tenter / de regarder _____ »

« Essayez de _____ »

« Rester avec cela, continuez à _____ »

« Est-ce que vous êtes prêt à faire (l'exercice) _____ ? »

« Est-ce que vous êtes d'accord de faire _____ ? »

On constate que les tournures mettent en avant l'invitation, l'essai, la tentative, ou la proposition, formulées souvent sous forme conditionnelle, ou éventuellement introduites par un préfixe modal. Ces variantes de la directive du processus laissent au client la décision d'effectuer l'action en question, et de prendre position par rapport à elle.

8.5   Confrontation

Ce chapitre se base en premier lieu sur les travaux de Tscheulin (1992), mais aussi sur les propos de Sachse (1996) ou d'Anderson (1969).

La confrontation est une intervention qui – partant de ses verbalisations actuelles – indique au client des discrépances ou des contradictions dans son vécu, sa pensée ou son comportement – ou leurs liens. Les discrépances sont perçues par le thérapeute et communiquées au client dans le cadre de référence de ce dernier. Le client n'a pas à ce moment-là accès à toutes ses discrépances.

En principe, nombre de verbalisations / énoncés du client peuvent être perçues comme discrépantes par le thérapeute et peuventt engendrer une confrontation. Mais les discrépances ou contradictions se manifestent majoritairement entre les informations actuelles et antérieures fournies par le client, entre son comportement verbal et non verbal ou entre son Self réel et idéal.

Le *but principal* de cette intervention consiste à diriger l'attention du client sur des phénomènes qui ne lui sont pas (encore) clairs ou évidents et à les rendre accessibles à un traitement. Malgré son caractère exigeant, la confrontation représente une *offre de traitement* ultérieure (le client peut travailler dessus ou s'y référer). Elle peut ainsi avoir une *fonction* (1) didactique, (2) d'approfondissement de l'expérience, ou (3) d'encouragement.

Lors d'une confrontation, c'est le thérapeute qui définit le contenu ou l'aspect à traiter. Bien qu'il s'agisse d'un thème important pour le client, c'est le thérapeute qui détermine le « focus », la manière de le voir. Il se réfère normalement au dernier énoncé du client, pour que le thème soit clairement actualisé et accessible à l'attention. Le thérapeute attire l'attention du client sur le thème ou l'aspect, d'une manière ciblée et déterminée, en l'obligeant à s'occuper de cet aspect, afin que le client ne puisse pas « s'échapper » (ou l'éviter).

Les situations de départ (indication orientée vers le processus)

Il s'agit d'une situation où des discrépances ou contradictions se manifestent :
(1)   entre informations actuelles et antérieures fournies par le client,
(2)   entre comportement verbal d'une part et non verbal (expression faciale, gestes, etc.) ou para-verbal (tonalité, fréquence, dynamique de la voix) d'autre part,
(3)   entre le Self réel et le Self idéal.

Concernant les trois niveaux *de l'intervention* (voir aussi p. 36) les discrépances se présentent entre autres dans les situations suivantes :
• le client évite systématiquement *certains contenus* (problèmes ou thèmes) alors qu'ils semblent importants pour une clarification ou
• le client fait (ou non) quelque chose sans s'en rendre compte, chose qu'il n'arrive pas à remarquer sans feed-back de l'extérieur (du thérapeute) : par exemple, sa manière de « traiter » ses émotions désagréables (*mode de traitement (intra)psychique*) ou sa manière d'essayer de « contrôler » le thérapeute *(mode relationnel)*.

Lors d'une intervention de confrontation, le client est confronté à des contenus, à des phénomènes ou à des aspects qui lui sont souvent *nouveaux* et (plutôt) *désagréables*, et qu'il a évités jusqu'ici de percevoir ou d'intégrer dans son Self. Par conséquent, les confrontations peuvent évoquer chez le client des sentiments de provocation, d'irritation ou de colère, la sensation d'être dénudé ou exposé, pris en faute ou démuni. En règle générale, les confrontations introduisent un stress dans la relation. Il est donc nécessaire qu'il existe préalablement une relation thérapeutique fonctionnelle.

Attention : par conséquent, il faudrait *éviter des interventions confrontantes* :
- au tout début de la thérapie, avant qu'une relation d'aide solide ne soit établie,
- lors d'une « crise » ou de problèmes relationnels entre client et thérapeute, par ex., lors d'une phase critique en travaillant sur un trouble de la personnalité,
- trop rapidement après une autre (confrontations enchaînées).

La réalisation d'une confrontation

De manière générale, l'intervention confrontante est à réaliser :
(1)   en prenant soin de préserver l'offre relationnelle d'aide, l'acceptation chaleureuse, l'ouverture (dans l'énoncé actuel) ; en respectant les variables de base (empathie / verbalisation des expériences émotionnelles, considération positive, congruence) ;
(2)   en formulant l'énoncé confrontant de la manière la plus claire et la moins ambiguë possible, malgré son caractère désagréable pour le client ;
(3)   prérequis : la relation thérapeute-client est bien établie et l'alliance de travail fonctionne bien.

Règles de base pour la confrontation

(1)   Elle est ancrée dans l'ici et maintenant : elle est proposée dans l'immédiat sur la base de l'énoncé du client.
(2)   Elle se situe dans le cadre de référence du client : elle se réfère à des contenus, des processus psychiques ou des aspects de la relation thérapeute-client déjà évoqués ; elle reprend des termes et des formulations personnels du client.
(3)   Elle est formulée de manière explicite, concrète et non ambiguë pour que le client ne puisse pas s' « échapper ».
(4)   Elle est structurée de manière claire et n'est pas trop longue, pour ne pas détourner l'attention du client.
(5)   Elle est réalisée dans la mesure du possible comme une réponse empathique (le plus souvent), sous forme d'affirmation (et non sous forme de question).
(6)   Dans certaines conditions, la confrontation peut être présentée sous forme de question provocante.

Attention : les confrontations ne portent pas sur des phénomènes qui sont contestables, qui représentent des « points de vue », etc., et qui s'éloignent du focus actuel de l'échange thérapeutique.

Pour que le client *arrive à accepter* la confrontation, à y répondre et à la travailler de manière constructive, le thérapeute réalise l'intervention confrontante de la manière suivante :

- la confrontation ne cherche pas à critiquer, à blâmer ou à dénuder le client ;
- le thérapeute garde sa considération positive envers le client, son acceptation malgré l'aspect soulevé dans l'intervention confrontante : le client n'est ni dévalorisé, ni rejeté à cause de la confrontation ;
- le thérapeute vise à rendre le client attentif à ce phénomène pour qu'il puisse en prendre note, décider de le gérer autrement, etc., tout en gardant son autonomie ;
- le thérapeute souligne la *fonction informative* de l'intervention.

Exemples
Concernant un mode de traitement défensif :
« J'ai l'impression que vous reculez, vous évitez... Est-ce que vous l'avez remarqué, juste maintenant ? »

Une formulation générale d'une confrontation au niveau du contenu :
« D'après ce que vous avez dit avant, je vois ça autrement ... »

Formes de confrontation

On peut distinguer les formes de confrontation suivantes (par ex., Berenson, Mitchell & Laney, 1968), dont des exemples se trouvent en page 105 :

Confrontation « didactique ». Le thérapeute clarifie un manque d'information ou rectifie une information erronée fournie par le client. Ceci peut porter sur des faits concernant des données diagnostiques, épidémiologiques (étiologiques), sur le processus de la thérapie ou sur d'autres faits ou états de choses.

Confrontation « aux expériences ». Elle met en évidence des discrépances entre l'expérience (ou la perception) du client et celle du thérapeute concernant le client lui-même ou sa perception du thérapeute ; ou alors elle met en évidence la discrépance entre l'expérience du client et son énoncé ; y compris la divergence entre son niveau verbal et non verbal. Deux variantes particulières sont les suivantes, les confrontations aux forces et aux faiblesses.

Confrontation aux « forces ». Cette confrontation se réfère explicitement à des capacités, des forces, des aspects positifs du client. Les forces ou le côté positif comprennent : des émotions (par ex., les émotions primaires adaptatives), comportements, pensées, compétences ou tendances *fonctionnels*, constructifs ou particulièrement efficaces ; de même le côté positif des situations ou des comportements (par ex., l' « opportunité » de changement engendrée par un événement critique ; voir aussi la technique de recadrage ou de « reframing », chap. 9.2.1).

Confrontation aux « faiblesses ». Cette confrontation porte sur des aspects dysfonctionnels, problématiques ou négatifs du client. Les « faiblesses » ou le « côté négatif » comprennent des comportements, pensées, sentiments « dysfonctionnels », destructeurs ou non « acceptés » par le client.

Indication orientée vers le processus et indication différentielle

La confrontation peut se prêter à deux situations différentes, à savoir en fonction du processus en cours, ou en fonction des caractéristiques du client :

1. Indication orientée vers le processus, en fonction d'une *situation de départ* (selon les « marqueurs » situationnels). Par ex., un client présente une divergence entre son énoncé verbal et l'expression non verbale, parlant d'un succès professionnel sur un ton complètement neutre, sans aucun engagement.

2. Indication différentielle, en fonction des *caractéristiques du client* : en plus de la situation thérapeutique actuelle, on tient compte du style de traitement psychique en termes d'une caractéristique du client : par ex., un client qui est « orienté vers l'action » présente un épisode impulsif, non réfléchi, avec impact sur sa compagne, sans qu'il se rende compte des « effets secondaires » de son comportement. Ceci rend éventuellement adéquat une confrontation empathique aux « faiblesses ». Des clients avec ce mode profitent plus des confrontations que les clients orientés vers eux-mêmes (Tscheulin, 1992).

Une caractéristique de la personne, proposée par Tscheulin est un style de traitement interne, appelé « l'auto-attention ». En tant que *trait,* l'auto-attention représente un continuum bipolaire avec comme premier pôle l'« *orientation vers l'action* » et comme deuxième pôle l'« *orientation vers soi-même* ».

- Plus une personne est *orientée vers l'action*, plus elle dirige son attention vers l'extérieur (et se trouve dans l'état d'auto-attention « subjective »). Elle est peu disposée à l'auto-réflexion, peu critique envers elle-même et peu attentive aux discrépances entre aspects « réels » et « idéaux » d'elle-même.
- Plus une personne est *orientée vers elle-même* (et se trouve dans l'état d'auto-attention « objective »), plus elle a tendance à l'auto-réflexion et l'autocritique et perçoit des discrépances exagérées ou amplifiées entre son Self « réel » et « idéal ». Le client se voit comme distant, comme objet.

Quelques exemples de confrontation (d'après Tscheulin, 1992)

Discrépance entre communication verbale et non verbale
C Aujourd'hui je ne me sens pas très bien (rire).
T Mais vous riez, comme si vous étiez de bonne humeur.

Confrontation aux forces
C Tout le monde rit de moi. Ils me prennent pour un bouffon.
T (par rapport aux informations données par le client antérieurement) Je le vois différemment. Votre femme et vos enfants ne rient pas de vous. Les personnes les plus importantes pour vous ne pensent pas que vous êtes un bouffon.

Confrontation aux faiblesses
C Ce genre d'offenses ne m'inquiète guère. Je ne peux pas m'occuper de ce qu'ils pensent de moi, de mes amis.
T Vous souhaitez que ces affronts ne vous affectent pas – mais ils le font.

Discrépance entre Self idéal et Self réel
Le client se décrit d'une manière non réaliste et exagérée, tel qu'il aimerait être ; le thérapeute le confronte avec son image réelle.
C Je suis plutôt calme et détendu. Si vous voulez, vous pouvez critiquer ma manière de m'habiller et de parler. Ceci ne m'irrite pas, je reste calme...
T Vous dites que rien ne peut vous déstabiliser. Vous le soulignez – à nouveau – dans une telle mesure qu'il me semble que vous n'y croyez pas vraiment.

Discrépance entre « insight » et comportement du client

Le client décrit une compréhension accrue (insight) de son comportement, comme s'il avait trouvé la solution à son problème ; or, son comportement n'a pas changé.

C Je me sens comme un nouveau-né, depuis que j'ai réalisé ce que mon père m'avait fait.

T Mais vous vous levez toujours à six heures du matin pour répondre aux demandes de votre père.

Discrépance entre l'image que le client a de lui-même et celle que le thérapeute a de lui

C Je crois je suis une petite souris, faible. C'est pour ça que les gens me marchent dessus.

T Vous me faites plutôt l'impression d'une personne qui a des craintes de s'affirmer.

Discrépance entre le but mis en avant par le client et le but réel

C Je me suis placé derrière la voiture dans le but de l'empêcher de partir.

T Peut-être, que vous l'avez fait pour les mêmes raisons qu'il y a deux se-maines : vous avez voulu le toucher, l'atteindre en lui donnant des remords.

Discrépances entre l'image que le client a du thérapeute et celle que le thérapeute a de lui-même

C Vous êtes assis tranquille et intéressé, mais à l'intérieur vous êtes tendu et pas concentré.

T Il m'arrive de ne pas être présent, mais c'est très rare. En ce moment, je me sens calme, paisible et attentif.

Attention : difficultés de débutants

(1) Par peur de confronter le client – de le blesser ou le mettre en colère – on évite les confrontations.

(2) Les confrontations sont formulées de manière trop complexe.

(3) Les confrontations sont trop provocantes ; elles ne sont pas assez ancrées dans le discours du client (formulation, tournure, thème concret) et ne reflètent pas assez l'empathie et la considération positive.

Résultats d'une recherche (Tscheulin, 1992)

Dans cette recherche non-expérimentale, les clients orientés vers l'action ont été confrontés par leurs thérapeutes 4 fois plus souvent que les clients orientés vers eux-mêmes (résultat significatif). Les thérapies des clients orientés vers l'action ont duré plus longtemps (28 à 74 séances) que celles des clients orientés vers eux-mêmes. Mais à la fin, la thérapie a été évaluée comme autant efficace par les deux groupes de clients.

Tableau 3. Nombre de confrontations lors de 2 séances consécutives

	clients orientés vers eux-mêmes n=5	clients orientés vers l'action n=5
Confrontation aux « forces »	5	10
Confrontation aux « faiblesses »	2	20
Total	7	30

8.6   Processus explicatif

Ce chapitre se réfère en partie à Sachse (1996).

Dès que le processus thérapeutique ou de counselling *traite d'une clarification* des motifs, valeurs, buts, schémas affectifs, il s'agit d'un processus « explicatif ». Le travail thérapeutique se déroule au niveau du *contenu* (il ne se focalise pas sur les modes de traitement, ni sur la relation). Le processus explicatif vise une clarification, une élaboration des « déterminants internes ».
Le *processus explicatif* côté client peut être caractérisé par les « questions » et « réponses » figurant dans l'échelle reproduite au chapitre 7.2.5). Coté thérapeute, l'offre de traitement explicatif est conçue de manière analogue. L'intervention du thérapeute peut solliciter une continuation du rapport (niveau 3), elle peut offrir une évaluation (niveau 4) ou aider à trouver une explication approfondissante, découvrir une structure de signification (niveau 7), etc.

Pour le client, le processus explicatif peut être un processus difficile, ambigu et parfois douloureux. Le client, n'ayant pas ou peu de connaissances de ce processus, aura besoin de l'encouragement et du support du thérapeute. Pour la détection et la reconstruction des schémas affectifs par exemple, leur clarification et leur modification, il est nécessaire de suivre certaines stratégies, selon une certaine séquence, sinon le processus explicatif est interrompu, nivelé, etc.

Le processus explicatif n'est pas le seul processus essentiel d'une thérapie ou d'un counselling, mais il est d'une importance primordiale pour le changement. Il s'agit d'une phase dans le processus du traitement, au cours duquel le thérapeute vise à amener ou à maintenir le client dans un processus explicatif.

La phase d'explication est précédée d'une *phase préparatoire* qui suit les *principes* suivants.

1. Concrétiser. Plus un contenu (thème, problème) est concret, plus il est facile d'amorcer un processus d'explication (et plus il est facile de poser des questions approfondissantes). Plus un contenu est concret, plus il est capable d'activer des schémas affectifs. Le thérapeute peut donc proposer préalablement des « *questions concrétisantes* » :
« Qu'est-ce que vous voulez dire / exprimer avec _____ ? »
« Est-ce que vous pouvez décrire votre sentiment plus précisément ? »

→ *Principe : concrétiser avant d'approfondir.*

2. Centrer. Se centrer sur ces éléments présumés centraux, les « déterminants internes », qui sont le noyau du problème psychique.

3. Ancrer les interventions dans les contenus du client. Il faut signaler au client quels sont les contenus qu'il devrait traiter et comment. Dans la mesure du possible, il faudrait proposer de se focaliser sur des contenus qui sont évoqués et présents.

4. Proposer des interventions ayant un impact important. Pour faire « travailler » le client de manière efficace, il faut concevoir des interventions qui soient brèves et précises et qui proposent une seule tâche à remplir pour le client (pas plusieurs à la fois).

Les *prérequis* de la part du client, qui caractérisent la situation du départ, correspondent à un « état d'esprit » particulier :

- le client a dirigé l'attention vers lui-même,
- il signale sa volonté de clarifier quelque chose pour lui-même,
- il travaille dans un mode « holistique » impliquant des émotions, des sentiments actuels.

Règles de base pour le processus explicatif

(1) Donner du temps, prendre du temps
Il faut signaler au client qu'il doit se laisser « impressionner » par les sentiments, et qu'il puisse attendre, être patient. Parfois, il est nécessaire qu'il modifie une image / représentation mentale, etc.
Exemple de formulation :
« Laissez-vous le temps… » ou « Prenez votre temps… »

(2) Réduire la vitesse
Le thérapeute doit freiner la vitesse de l'échange, la cadence (et la latence) des questions et interventions ultérieures. Il parle lentement, fait des pauses.

(3) Ménager et cibler les interventions
L'attention du client étant dirigée vers l'intérieur, le thérapeute figure seulement à la « périphérie ». Le processus explicatif est un processus que le client devrait contrôler et déterminer lui-même. Le thérapeute répète seulement deux, trois mots du contenu central de l'énoncé du client, pas plus (« saying back »), le rassurant ainsi sur sa présence et son suivi. Il ramène le client à l'aspect central ou au sentiment, si le client perd le fil ou commence à « intellectualiser ». Si nécessaire, il aide le client à formuler une signification plus précisément, plus explicitement. Il fait des pauses et ne parle pas inutilement.

(4) Travailler au niveau des contenus – pas au niveau relationnel !
Les indicateurs ci-dessous signalent que le client se trouve dans un processus explicatif. Aucun de ces indicateurs n'est en soi indicatif de ce processus. Il en faut plusieurs qui forment une impression globale :
- *le client* se concentre vers l'intérieur ; l'entourage, y compris le thérapeute, sont en arrière-fond ;
- il parle plus avec lui-même qu'avec le thérapeute, bien qu'il le perçoive et réagisse à ses interventions ;
- il ne regarde guère le thérapeute, dirigeant plutôt son regard vers l'infini ou fermant les yeux ;

- il parle lentement, à voix basse, s'interrompt et se corrige. Il élabore des contenus et des significations ;
- il est impliqué affectivement. Mais il n'est pas sous l'emprise des émotions : il ressent les sentiments, mais il n'est ni « bloqué » ni absorbé ;
- il semble s'engager dans l'élaboration et la clarification ; il veut comprendre ce qui se passe en lui ;
- son attitude est ouverte, réceptive ; il ne sait pas où il va arriver, ce qui va se passer ;
- le thérapeute ressent le « suspens » qui règne par rapport aux activités et aux verbalisations du client ; il remarque qu'il va se passer quelque chose d'important.

Stratégies favorisant le processus explicatif

(1) Laisser agir les imaginations/contenus sur soi-même
« Restez s.v.p. près de cette situation (ou image mentale). Imaginez-vous intensément la situation que vous venez de décrire. Laissez agir cette mentale sur vous et regardez ce que ça déclenche en vous. »

Cette directive aide à quitter le mode plutôt analytique et séquentiel de la narration et à s'engager dans le mode « holistique », où des traitements affectifs sont plus facilement accessibles et plus faciles à activer.

(2) Aider à rester près de l'émotion / du sentiment
Questions d'approfondissement (questions « Qu'est-ce que ? » au lieu de « Pourquoi ? »). Voir chapitre 8.2 « Poser des questions ».

(3) Travailler avec le sens ressenti (« felt sense » selon Gendlin, 1981)
Un « sens ressenti » est un sentiment corporel diffus ou vague au début, mais affectivement chargé, avec une importance subjective évidente mais pas encore clarifiée. Le sens ressenti sera à symboliser par le travail ultérieur (voir aussi chap. 2.4.5 focusing). Indiquant souvent un schéma affectif, le sens ressenti est très important pour le processus thérapeutique ou de conseil.

Procédure pour le travail avec le sens ressenti

(1)   le thérapeute invite d'abord le client à se concentrer sur le « sens ressenti »,

(2)   il l'engage à décrire ce qu'il ressent (au niveau du corps),

(3a)   il lui demande de rester près du sentiment et de « laisser surgir quelque chose en rapport avec ce sentiment : une image, un mot, quoi que ce soit ». Par la suite, il continue par la procédure du « focusing » de Gendlin (procédure qui est plutôt coûteuse),

ou

(3b)   il l'invite à diriger son attention sur ce sentiment corporel et – en même temps – sur ce que ce sentiment signifie pour le client en utilisant par exemple les questions suivantes :

« Qu'est-ce qu'il vous vient à l'esprit par rapport à ce sentiment ? »

« Qu'est-ce que ce sentiment vous rappelle ? »

« Quelles sont les significations personnelles que vous liez à ce sentiment ? »

« Quels concepts (mots, images, métaphores) liez-vous à ce sentiment ? »

« Quels d'autres concepts s'appliquent pour vous, de manière intuitive, à ces significations ? »

Le but de ce traitement est de représenter le schéma sous-jacent au « sens ressenti », de le conceptualiser et de dégager sa signification.

(4) Différencier la situation à l'aide des émotions

Normalement, le processus d'explication (explicatif) commence par la description de la situation, passe par l'activation des émotions et des schémas, parvient à une nouvelle représentation. Il aboutit (dans le cas idéal) à un changement des schémas. Dans certaines conditions, le processus peut être inversé : une situation vient de déclencher chez le client une émotion et un schéma. Cette émotion peut devenir le point de départ pour *différencier* des aspects de la situation.

Exemple :

« Essayez de rester dans cette tristesse. Regardez encore une fois la situation qui vous rend triste. Voyez ce qui (ou quels aspects) dans cette situation vous rend particulièrement triste ? (Qu'est-ce qui est le pire / le plus triste dans cette situation ?) »

Le client est invité à évaluer – tout en restant proche du sentiment – différents aspects de la situation et peut préciser les aspects qui sont particulièrement « émotifs » et qui ont une importance personnelle. Cette stratégie aide à identifier le « noyau » d'un schéma (par ex., un traumatisme) et à le reconstruire.

Deux règles supplémentaires pour l'intervention visant le processus explicatif

(1) Valoriser et « valider » le vécu affectif et les émotions
Beaucoup de clients jugent leurs sentiments et émotions superflus, irritants, imprécis et non valables. S'ils ne sont pas pris au sérieux, le processus explicatif est bloqué et limité. Si cet évitement du client est très marqué, le thérapeute est obligé de travailler d'abord au niveau des processus intrapsychiques en les mettant en évidence.

Souvent, il suffit d'instruire le client explicitement, comme par exemple :
« Vous pouvez prendre vos sentiments au sérieux ! » ou
« Ce sont vos émotions. Elles vous disent quelque chose d'important. Ecoutez-les ! »

Ainsi, certains clients perçoivent la permission de s'occuper d'eux-mêmes, de se voir faibles, tendus, anxieux, agacés, etc. ; d'autres réalisent ce qu'ils font souvent avec eux-mêmes en ignorant une partie importante de leur vie psychique : ils restreignent la richesse de leur vécu.

(2) Séparer les patterns émotion-cognition
Pour certains clients, il est difficile de séparer l'aspect affectif des aspects cognitifs, des pensées, explications, etc., « rationnelles ». Le sentiment ou l'émotion en tant que tels ne valent rien et suscitent « automatiquement » un processus cognitif-rationnel (par ex., une interprétation, etc.), voire une intellec-tualisation. Les composantes cognitives-rationnelles gênent les processus expli-catifs.
A part un travail antérieur et préparatoire au niveau des processus *intrapsychi-ques*, le thérapeute intervient de manière directive en proposant par exemple :
« Je sais que vous êtes adulte et que ce problème vous semble négligeable. Mais vous ressentez ça, ce sentiment... et ceci veut dire qu'il est là. Et s'il est là nous devrions le prendre au sérieux et le regarder. Mettez toutes les autres choses de côté, pour un moment. Concentrez-vous sur ce que vous ressen-tez ! »

Si le pattern est hautement automatisé, le thérapeute devrait envisager d'inter-venir à plusieurs reprises de cette manière lors d'un processus explicatif. Ou encore en réaliser des processus explicatifs similaires, à plusieurs reprises.

9. Interventions ciblées de l'approche cognitivo-comportementale

Nous présentons ici un choix d'interventions ciblées qui se basent sur des techniques cognitives et comportementales. Les interventions choisies sont polyvalentes et s'appliquent à de nombreux problèmes traités, notamment en counselling. Dans le registre comportemental et corporel, il s'agit d'interventions liées au renforcement, au modelage et à la relaxation. Du registre cognitif, nous avons choisi la résolution de problème et l'évaluation/prise de décision comme interventions-cadre, ainsi que la réévaluation cognitive. Parmi les autres techniques, nous présenterons le brainstorming, la technique de l'« alter ego », et enfin les tâches à domicile, élément crucial dans de nombreuses situations thérapeutiques et de counselling. D'autres techniques, interventions, seront brièvement mentionnées.

9.1 Interventions ciblées du registre comportemental et corporel

9.1.1 Renforcement et auto-renforcement

Reposant sur des principes d'apprentissage (Skinner, 1971 ; Holland & Skinner, 1961) et de modification comportementale (Kanfer & Saslow, 1965) « behavioristes », ces interventions visent à modifier le comportement par les conséquences qui s'en suivent, suivant le principe du *conditionnement opérant*. Le renforcement rend plus probable et plus intense le comportement « cible » qui suit. Il est réalisé par des « renforçateurs », des conditions ou objets représentant une valeur positive pour l'organisme ou la personne, comme la nourriture, un cadeau, une louange ou de l'argent. Les renforçateurs qui consistent en récompenses tangibles ou événements repérables, sont différenciés selon plusieurs types : primaires (ex., nourriture, échappement à la douleur) et secondaires (pas nécessaires biologiquement), comme notamment les renforçateurs sociaux (par ex., attention, louange) ou symboliques (par ex., argent). Ces derniers peuvent être changés en renforçateurs matériels (voir aussi Cottraux, 2011).

S'il s'agit de conditions négatives ou « aversives » qui suivent un comportement et le rendent moins probable et/ou moins intense, on parle de *« punition »*. Les variantes de *renforcement* et de *punition* peuvent être représentées dans un schéma à quatre cases, selon la *valence* de la conséquence – positive versus négative/aversive – et selon le fait de *présenter* ou d'*enlever* la conséquence (Holland & Skinner, 1961). Le dernier mécanisme consiste en une *non-conséquence* (c.-à-d., ni positive, ni négative) suivant le comportement en question, appelé aussi « *extinction* ».

Ces registres sont aussi à la base de l'acquisition et du maintien de certains symptômes psychologiques, comme par exemple le renforcement positif de certains comportements non désirables (par ex., attention parentale suivant le comportement perturbateur de l'enfant ; ou suivant ses plaintes).
L'enlèvement d'une conséquence négative (par ex., la survenue de réactions de peur/douleur) dans une situation phobique par l'*évitement,* qui représenterait un « *renforcement négatif* », est considéré comme une deuxième étape dans l'acquisition des comportements phobiques (après le conditionnement classique). Cette hypothèse suit le modèle à deux facteurs (Mowrer, 1960) et sert toujours de cadre explicatif pour certains symptômes psychologiques, notamment dans le domaine anxieux (par ex., Cottraux, 2011 ; Bouton, Mineka & Barlow, 2001). Les registres d'apprentissage servent également à conceptualiser une telle problématique avec le client (« modèle et rationnel du trouble »), à l'aider à comprendre sa problématique et à concevoir une stratégie de traitement (par ex., interventions d'*exposition* ; diagnostic visant l'intervention ; analyse fonctionnelle).

Pour la modification des comportements dans le contexte du counselling ou de la thérapie, on utilise surtout des interventions de *renforcement positif* pour développer et stabiliser des comportements souhaités (non-existants ou trop faibles), et l'intervention d'*extinction* pour atténuer ou supprimer des comportements non-souhaités, trop fréquents ou intenses. Pour en donner des exemples, le renforcement et l'extinction *en tant qu'interventions* sont indiqués pour certains problèmes de l'enfant (par ex., troubles des conduites) ou dans la dépression (l'abord comportemental pour (re)développer des activités ; voir Lewinsohn, Munoz, Youngren & Zeiss, 1978). Le renforcement joue aussi un rôle dans le traitement des problèmes relationnels (par ex., dans le couple) pour développer et stabiliser des réactions plus adéquates dans les interactions.

L'*auto-renforcement,* qui fait partie des principes d'*autocontrôle*, repose sur les mêmes principes. La personne applique à elle-même une conséquence positive (par ex., en ayant réduit le nombre de cigarettes fumées) : elle se fait plaisir, par exemple, (a) en s'offrant quelque chose, un DVD, même une gourmandise ou (b) en faisant une activité agréable, comme écouter de la musique très appréciée, faire une petite sortie, inviter des amis. Sinon, la personne peut également auto-appliquer des *sanctions* si elle n'a pas montré le comportement souhaité.

Beaucoup de personnes font bon usage de ces interventions de manière spontanée et naturelle. Mais dans l'intervention thérapeutique et de counselling, il s'agit d'engager ce processus de *manière ciblée* : tout en expliquant le principe (le « rationnel »), on aidera le client à définir et choisir lui une conséquence appréciée et réaliste, qui se prête à l'auto-application selon un *plan de renforcement*. On planifie des conditions claires et transparentes pour ainsi mettre en exergue l'amélioration. Par exemple, à chaque fois qu'une personne déprimée fait quelque chose dans le ménage, elle se renforce par l'écoute de morceaux de musique très apprécés. Ceci aidera à mettre en exergue le comportement à développer – à le rendre plus fréquent ou intense – et à le stabiliser ; en même temps, l'auto-renforcement (re)met sous le contrôle de la personne le comportement en question, et fait augmenter l'*efficacité personnelle* (Bandura, 1977b).

L'intervention proposant et initiant à l'auto-renforcement est à envisager dès qu'un comportement est prêt à être engagé ou modifié : soit dans la prise de décision (se récompenser pour une décision bien réalisée, par ex., la communiquer à une autre personne concernée par cette décision), soit dans la modification du comportement à l'issue de la résolution de problème (par ex., changer ses habitudes de nourriture, pour rendre le style de vie plus sain, notamment dans le counselling en lien avec le traitement psychologique, ou en psychologie de la santé). La technique doit être *personnalisée* : elle est à adapter au comportement en question, et doit tenir compte des renforçateurs individuels qui sont à explorer avec la personne. De plus, elle appliquera un *plan de renforcement* (« contingence »), c.-à-d., le délai du renforcement (tout de suite après ou de manière différée ; le soir par ex.), son importance et son caractère cumulatif (par ex., effectué après plusieurs comportements cibles réalisés, le renforcement peut comporter une récompense plus importante).

9.1.2 Modelage

Les travaux de Bandura (1977a) sur l'*apprentissage par imitation* ont démontré l'importance de l'apprentissage par observation de modèles (« vicarious learning »). En psychologie clinique, l'apprentissage par modèle n'est pas seulement considéré comme facteur étiologique dans différents troubles (un exemple dans les troubles anxieux : le client aurait appris par le modèle de son père – et l'attention qu'il a reçue – des comportements phobiques). Le mécanisme joue aussi un rôle important dans le traitement psychologique et le counselling : ici, le *modelage* consiste à démontrer au client – de manière explicite – un comportement qu'il ne maîtrise pas encore, en donnant également des explications, en focalisant bien l'attention sur les éléments comportementaux, en aidant et motivant le client à l'effectuer (directive au processus) – et en renforçant le comportement montré.

A part ce « *modeling* » *explicite*, les thérapeutes et les conseillers représentent souvent un modèle pour le client de manière *implicite,_*comme par exemple dans les interventions suivant les variables de base (voir chap. 6 sur les mécanismes de l'efficacité de l'ACP) ; un mécanisme dont ils doivent être conscients.

Modelage et renforcement

A partir des travaux de Bandura (1977a) sur l'apprentissage social, on sait aussi que ce n'est pas seulement la démonstration et l'observation d'un comportement en tant que telles qui facilitent l'imitation et la reproduction de ce dernier, mais c'est aussi le mécanisme et les contingences de renforcement qui entrent en ligne de compte. Observer un comportement et ses conséquences positives pour l'acteur peuvent faciliter davantage l'imitation et l'acquisition de ce comportement. Certains principes d'intervention se réfèrent à ces mécanismes. Ils proposent par exemple que le conseiller ou le thérapeute démontre un comportement donné, par exemple s'exprimer de façon empathique et chaleureuse (voir aussi chap. 6.1.5), affronter un stimulus phobogène (se rapprocher et toucher un animal, dans une phobie d'animal), ou réaliser des comportements assertifs dans le *jeu de rôle*.

9.1.3   Jeu de rôle

Le jeu de rôle est une technique essentielle dans l'apprentissage de nouveaux comportements, notamment sur le plan des comportements sociaux, ou en présence d'autrui, comme les comportements de communication ou d'affirmation de soi.

Le jeu de rôle est le plus souvent réalisé selon la procédure suivante :
(1) Le client « joue », c.-à-d., réalise le comportement tel qu'il le fait dans la vie réelle, ou tel qu'il l'envisage (par ex., faire une demande à son supérieur

hiérarchique). Le conseiller ou thérapeute adopte la position du personnage opposé face auquel le client souhaite réaliser le comportement en question.

(2) Le conseiller demande une prise de position du client ; ensuite il donne un *feedback* précis : avec des commentaires constructifs, en mentionnant les éléments réussis qui sont *renforcés positivement* et en ne soulignant pas les lacunes.

(3) *Modelage.* Le conseiller présente un modèle du comportement ; de préférence avec le client jouant le rôle opposé (de la personne souvent redoutée).

(4) Avec inversion des rôles, le client reprend sa position / son propre rôle et essaie de réaliser le comportement souhaité et démontré.

(5) Le conseiller souligne et *renforce* les éléments réussis et décrit le progrès. Il est important de définir un « jeu » adapté au niveau de difficulté du client pour qu'il y ait progrès, par étapes.

(6) Une *tâche à domicile* est proposée.

A part les éléments comportementaux à acquérir, le jeu de rôle peut aussi mettre l'accent sur le vécu et les émotions qui accompagnent le comportement dans le rôle ou la position adoptés. Ainsi, le jeu de rôle permet de revoir le cadre de référence du client et d'enrichir les comportements en question par les émotions et les significations personnelles.

9.1.4   Détente et relaxation

On peut classer les techniques de relaxation dans deux catégories, selon qu'elles font porter l'attention sur la pensée, comme le training autogène ou la méditation, ou sur le corps, comme la relaxation progressive ou certaines formes de yoga. Etant donnée l'évidence empirique sur l'efficacité de la relaxation progressive (dans le cadre thérapeutique), et étant donné son caractère psycho-éducatif et relativement facile à apprendre, nous présentons ici la *relaxation progressive musculaire* selon Jabobson (1980). A partir d'une position détendue et une respiration profonde, lente et régulière avec le ventre, le principe de base consiste à porter l'attention sur la contraction, puis le relâchement soudain, de différents groupes musculaires, entraînant ainsi une détente progressive de l'ensemble du corps. Chaque groupe musculaire est contracté durant 5 à 7 secondes puis relâché pendant 30 à 45 secondes. Il n'est pas utile de contracter les muscles très fortement ; il suffit de sentir la contraction et, plus précisément, la différence de cet état de contraction avec l'état de détente. L'exercice de base suit une séquence qui commence par le poing de la main dominante, le coude / biceps, puis du côté non dominant ;

ensuite le visage / les sourcils, le nez, la bouche et les lèvres et le menton ; il se poursuit par les omoplates / le dos et le ventre et finalement les pieds, suivi d'une imagination de clôture qui résume l'état corporel et psychique de détente, de calme et de sérénité. Il existe des exercices plus courts, qui ne portent pas sur toute la séquence (les parties musculaires), tout en mettant l'accent sur la respiration, sur l'imagerie et les sentiments de détente.

9.2   Interventions ciblées du registre cognitif

A partir des travaux de Ellis (1962 ; voir aussi Auger, 1986) et de Beck (Beck, Rush, Shaw & Emery, 1979 ; voir aussi Blackburn & Cottraux, 2008), on dispose de diverses méthodes *cognitives* visant à modifier certains processus et contenus cognitifs (de la pensée, de l'imagination, des verbalisations internes, etc.) dans le but de *modifier par la suite* des émotions, comportements – et symptômes. On distingue différents niveaux ou registres : Il existe des interventions de *restructuration cognitive* qui visent l'identification et la modification des pensées (images, etc.) dysfonctionnelles. Elles permettent par la suite de travailler les schémas (comprenant des convictions personnelles profondes) sous-jacents au (dys)fonctionnement psychologique. La restructuration cognitive comprend tout un registre d'interventions qui sont à articuler et à appliquer de manière structurée et séquentielle ; leur application est relativement complexe et exigeante et a comme prérequis une analyse cognitive fonctionnelle détaillée (par ex., l'analyse à trois ou cinq colonnes selon Beck et collègues ; voir Blackburn & Cottraux, 2008). Un autre registre de techniques / interventions repose sur l'approche de *résolution de problème* (D'Zurilla & Goldfried, 1971 ; Kanfer & Busemeyer, 1982), qui représente une approche « rationnelle » pour affronter nombre de problèmes et de situations, thérapeutiques ou non.

9.2.1   *Réévaluation cognitive (« reframing »)*

La réévaluation cognitive est un processus cognitif, conscient et relativement élémentaire, par lequel la personne vise à modifier certaines représentations et contenus cognitifs, notamment les « *appraisals* » (les évaluations de situations et événements, survenant rapidement et en partie automatiquement ; par ex., Lazarus, 1991 ; Scherer, Schorr & Johnstone, 2001). En modifiant les *appraisals*, il est possible de changer certaines réactions affectives et comportementales. La réévaluation peut s'appliquer *ad hoc* ou de manière plus stratégique (par ex., dans le contexte de la restructuration cognitive et le travail sur les schémas). Les interventions pour apprendre au client des stratégies de réévaluation, consistent en l'information et l'explication du principe de cette technique, en l'exploration de certains exemples personnels, ainsi qu'en principes d'action et exercices.

Il faudrait d'abord donner l'information selon laquelle la *valence* psychologique des situations, objets, événements dépend des processus cognitifs (notamment les « appraisals ») qui font des données réelles et objectives une perception et une expérience ; le processus est rapide et souvent automatique. Par la suite, il s'agit de se rendre compte du caractère relatif de différents appraisals, de leur automatisme et rapidité (on y est habitué), et du fait que l'on tient rarement compte de nombre d'autres aspects qui sont importants dans une situation donnée, même au niveau personnel. Puis, il s'agit de trouver et de développer d'autres perspectives que l'on peut adopter pour l'évaluation, dans le but de modifier les appraisals, de les rendre plus riches et de favoriser d'autres interprétations. Il s'agit de trouver et d'explorer d'autres perspectives, de les adopter (à titre d'essai), de décrire le résultat de cette opération cognitive, et d'explorer ses effets.
Exemple : voir le gain en expérience qu'amène un événement lourd et difficile à traverser.

Après l'initiation en séance, il s'agit d'appliquer la stratégie de réévaluation dans des situations quotidiennes en s'entraînant. On utilise par exemple un carnet pour noter les situations et leurs enjeux émotionnels, les perspectives d'évaluation trouvées, les pensées qui en découlent et l'effet que les autres perspectives ont sur le vécu (ce travail peut aussi s'inspirer de la technique à 3 ou 5 colonnes ; voir par ex., Blackburn & Cottraux, 2008).

Connaître cette technique relativement facile à appliquer, ainsi que la démarche cognitive à appliquer dans la vie quotidienne, permet de faire ainsi de la *réévaluation* une *technique de régulation des émotions* applicable à court terme, efficace et polyvalente (voir Reicherts, Pauls et al., 2012 ; voir aussi Gross, 2007). L'exploration des perspectives et critères d'évaluation, leur tentative d'application et l'analyse de leur(s) effet(s) peuvent être utiles également pour uns *évaluation rationnelle* (voir aussi l'évaluation au sein de la démarche de résolution de problème).

9.2.2 Résolution de problème

La *résolution de problème* est une intervention-cadre basée sur une démarche « rationnelle » polyvalente et complexe, applicable dans le contexte du counselling (voir chap. 10). Elle repose sur plusieurs interventions, incluant des techniques spécifiques, et s'applique à des problématiques très variées. Les interventions comprennent : (1) la définition (élaboration) du problème dans une forme « personnalisée », (2) le développement (élaboration) des buts pour surmonter le problème (correspondant à une solution), (3) l'évaluation du but / de l'alternative à retenir (prendre la décision), (4) le développement des actions (stratégies, étapes, pas) pour réaliser le but retenu, et finalement (5) le suivi – et le monitoring de l'action et l'évaluation de l'état atteint..

Kanfer et Busemeyer (1982) ont proposé un *modèle de résolution de problème* qui s'applique à l'analyse des comportements problématiques du client et à leur modification (en analogie à une analyse fonctionnelle). Le comportement problématique est considéré comme une résolution de problème inadéquate, qui comprend des éléments dysfonctionnels ; par ex., ne disposant pas de comportements assertifs pour affronter une situation socialement redoutée, le problème est « résolu » par évitement ; ou encore, utiliser des critères d'évaluation inadéquats, par ex., trop exigeants pour le but, mène à des actions perfectionnistes et inefficaces. On applique alors la résolution de problème à des comportements/actions tels qu'ils sont effectués au quotidien par l'individu. Les comportements dysfonctionnels sont considérés comme des résolutions de problème jusqu'alors inefficaces, et leur modification consiste à reformuler certaines composantes du schéma, à définir d'autres buts, à choisir d'autres critères d'évaluation, à acquérir d'autres processus cognitifs, décisions et actions, plus adéquats et plus efficaces. Dans le sens de cette conception et à partir des travaux de D'Zurilla et Goldfried (1971), il existe diverses applications en psychologie clinique et dans la modification du comportement : la résolution de problème social *et le coping* (D'Zurilla & Chang, 1995), les problèmes interpersonnels (Platt, Prout & Metzger, 1986), la dépendance et l'alcoolisme (Jones, Kanfer & Lanyon, 1982) ou les symptômes de la schizophrénie (Morin, Briand & Lalonde, 1999).

9.2.3 Evaluation et prise de décision

La démarche permet d'évaluer des choses et situations très variées : on peut l'utiliser pour comparer des objets (des voitures, par ex.), des situations de vie, des actions complexes à entreprendre, ou même des croyances, attitudes ou pensées de la personne (par ex., dans la technique cognitive de la *réévaluation* (« reframing » ; voir chap. 9.2.1) ou dans le travail sur les schémas cognitifs (cf. Beck et al., 1979 ; Cottraux, 2011). Au centre, se situe *l'évaluation « rationnelle »* et *« personnalisée »* qui est une composante cruciale de nombreuses interventions en counselling et en thérapie. L'évaluation rationnelle porte sur une *situation ou un objet* (par ex., une conviction), sur un *comportement ou une action* (par ex., parler à son supérieur hiérarchique) qui, lors d'une *première étape*, sont bien définis avec et par le client, et sont ensuite soumis à une *évaluation différenciée (pondération, etc.)*, selon des *critères personnels* développés soigneusement et de manière exhaustive au préalable.

Les « objets » à évaluer représentent le plus souvent des alternatives : par ex., une pensée dysfonctionnelle (« le stress va m'envahir complètement et je vais rater l'examen ») *versus* une pensée alternative (« un peu de stress dans cette situation est tout à fait normal ; il m'active et m'aidera à déployer mes ressources et à réussir »). Ou il s'agit des alternatives d'une décision importante à prendre, qui fait l'objet d'une demande d'aide du consultant (par ex., subir une opération risquée ou entreprendre une nouvelle formation professionnelle).

Une telle *évaluation rationnelle* aboutira dans sa variante la plus complète à un schéma ou une matrice qui regroupe de manière systématique les objets à évaluer, les critères de l'évaluation et les valeurs assignées, les appréciations, avec en plus une rubrique ou un indice de valeur ou d'utilité totale (voir exemple ci-dessous). D'autres versions d'évaluation prévoient aussi d'assigner à des objets / situations / actions des *probabilités,* parfois en contrastant le *court* versus *long* terme – la perspective temporelle.

Dans une variante très simple – avec un objet à évaluer – elle consiste en un *bilan des pour et des contre,* se présentant en un tableau à deux colonnes, contrastant dans l'une les arguments *pour* avec les arguments *contre* dans l'autre. Dans sa version la plus simple, on compare le nombre d'arguments pour *versus* contre ; dans sa version plus élaborée, on évalue l'importance ou le poids respectif des arguments, permettant une synthèse sommaire en totalisant les valeurs chiffrées (voir tableau ci-dessous, la colonne valeur * probabilité). De préférence, on comparera un objet avec un autre – une alternative : par ex., faire une nouvelle formation oui *versus* non, c.-à-d., continuer ce que l'on fait actuellement (*statut quo*).

Dans l'exemple ci-après, c'est l'alternative A qui devance de 100 points au total, 40 points positifs, comparés aux 60 points négatifs, l'alternative B.

L'alternative A sera à retenir selon la démarche. Les 60 points négatifs expriment également la non-satisfaction de la cliente avec la situation actuelle et le statut quo ; les points positifs reflètent le défi positif d'une nouvelle perspective à envisager.

Tableau 4. Schéma d'évaluation comparant deux alternatives

A Commencer une nouvelle formation	Valeur/ Appré- ciation	Prob	Valeur * Prob	B Continuer ce que je fais (statut quo)	Valeur/ Appré- ciation	Prob	Valeur * Prob
Pour : je peux faire de nouvelles expériences lors de la formation	+50		+50	Contre : je continue mon chemin qui fonctionne sans vrai défi	-50		-50
Pour : je pourrais faire carrière, différemment	+70	70%	+49	Contre : je ne ferai pas carrière autrement	-60	60%	-42
Pour : après 2 ans, je pourrais trouver un autre poste et gagner plus	+50	70%	+35	Contre : même à plus long terme, je ne gagnerai pas d'avantage	-50	70%	-35
Contre : la formation est exigeante et je risque de ne pas réussir	-30	30%	-9	Pour : mon travail n'est pas très exigeant, je suis rodée et le maîtrise bien	+20		+20
Contre : je dois réduire mon taux actuel et gagner bcp moins pendant 2 ans	-50		-50	Pour : les 2 ans à venir, je continue à gagner assez bien	+30		+30
Contre : je serai souvent absent pendant des semaines et week-ends (et absorbée les soirs), réduisant le contact avec mon partenaire et mes ami(e)s	-50		-50	Pour : je serai présente et disponible pour être avec mon partenaire et mes ami(e)s	+50		+50
Total	+40		+25		-60		-27

La procédure présentée ici comprend trois étapes, permettant de différencier et de nuancer plus ou moins bien l'évaluation effectuée – et la décision faite. L'exemple permet de les illustrer :
(1) La seule *analyse des pour et contre* est la plus simple, tout en s'appliquant à différentes situations, mais elle ne permet pas (encore) de trancher, car il y a trois arguments en faveur et trois en défaveur des deux alternatives.

(2) En introduisant l'*évaluation de l'importance / valeur personnelle* de chaque argument / aspect sur une échelle allant de 0 à 100, dans le sens positif et négatif, on peut nuancer les valeurs et parvenir à un tableau bien plus clair et plus personnalisé. Cette échelle subjective qui s'inspire des pourcentages est très nuancée et plausible pour beaucoup de personnes ; mais on peut aussi travailler avec d'autres échelles, comme celle allant de -10 à +10, etc.

(3) Pour tenir compte du fait que certains aspects / arguments sont pratiquement sûrs, tandis que d'autres sont plus au moins probables, on peut évaluer, en plus, la *probabilité (subjective)* d'un argument : dans l'exemple, le fait de pouvoir décrocher un poste bien mieux payé est évalué comme étant « plutôt probable » = 70%. Si l'évaluation arrivait à une chance sur deux, l'estimation serait de 50%, etc. (toutes les valeurs entre 100% et 0% peuvent, en principe, être utilisées). La valeur / importance de l'argument est ensuite multipliée par la probabilité ; par ex., la possibilité de décrocher plus tard un nouveau poste mieux payé (importance de 50%), multipliée par une probabilité plutôt élevée (70%), donnera une valeur totale de 35.

L'évaluation de l'importance d'une alternative ou d'un argument la concernant repose sur des *valeurs personnelles*. Pour les introduire dans la démarche, il faut les explorer et les élaborer soigneusement avec le client, parfois à l'aide d'un *brainstorming*, de l'*imagerie mentale* ou d'un *processus explicatif*. Dans l'exemple, les valeurs personnelles sont (1) le développement personnel et professionnel, (2) la situation financière et (3) les liens sociaux ; les trois domaines de valeur sont précisés en terme de critères ; selon le problème de décision ou d'évaluation, on peut différencier les critères d'avantage, par ex., en les « opérationnalisant ». Dans l'exemple, on pourrait quantifier le gain en salaire (8'000.- versus 5'000.- Fr.), ou le nombre d'heures à disposition par semaine avec le partenaire et les amis.

9.2.4   D'autres interventions dans la résolution de problème

En lien avec les interventions plus complexes du counselling, on utilise encore d'autres interventions et techniques, comme le *brainstorming*, l'*imagerie mentale* ou l'*« alter ego »*, technique faisant référence à une personne réelle et appréciée par le client qui servira de *modèle* ou de *guide*.

Brainstorming

La variante la plus simple du *brainstorming* consiste à s'ouvrir à toute association qui survient en lien ou en réponse au thème posé, notamment au problème à résoudre, comme des possibilités d'action ou des démarches à envisager. De même, lorsqu'il s'agit de préparer l'évaluation des alternatives ou des actions, il faudrait évoquer tout l'éventail de valeurs ou de critères personnels, à tenir en compte ; ceci dans le but d'être aussi complet que possible. L'élément crucial du brainstorming est la « production » du matériel ou des associations, sans exclure ou retenir des idées qui semblent à première vue (trop) peu adéquates. Le tri et la sélection des idées, des arguments ou des critères produits suivront après, en explorant soigneusement leurs implications – générales ou personnelles : Est-ce que cette alternative est réaliste ? Est-ce qu'elle est faisable – en temps utile ? Par le client lui-même ou avec l'aide de quelqu'un ? Le tri des alternatives adéquates est réalisé en collaboration avec le client et le conseiller. Le plus souvent, le brainstorming est accompagné par des interventions élémentaires et ciblées : l'information, la directive à l'action, le questionnement, éventuellement la confrontation, etc.

Exemple de consigne :
« Vous connaissez probablement le *brainstorming* : c'est une technique qui nous aide à repérer un certain nombre d'idées « brutes ». Vous connaissez ça ? (…) Il fonctionne ainsi : on s'ouvre à toute idée, pensée, association qui survient *en lien avec une question posée*. Ici, par exemple : pour résoudre le problème _____ , quelles sont les possibilités que vous trouvez ... (O.k. ?). Il est important de ne pas censurer les idées. Il faut les laisser apparaître et les mentionner. J'en ferai une liste que nous regarderons plus tard. Une liste de tout ce qui vous vient à l'esprit – en réponse à la question _____ . Aussi fou que cela pourrait sembler, à première vue (…) Êtes-vous d'accord de faire cet exercice ? (…) Si vous n'avez plus de questions (…), essayez de le faire – je vous écoute ! »

« Alter ego »

Cette technique consiste à faire appel, par imagination, à une autre personne appréciée par le client et qui lui ressemble peut-être : cette personne pourrait agir, penser, décider à sa place, pour son bien, en sa faveur. Cet « alter ego » servira de *modèle* imaginé, d'acteur de référence ou de *guide* pour le client. Ce dernier essaie de s'y référer *in sensu* pour trouver des arguments, des attitudes, voire des comportements concrets inspirés par l'*alter ego,* pour en créer ses variantes personnelles.
L'intervention de l'« alter ego » s'applique par ex., à des situations où le client se trouve dans l'impasse, éprouvant de grandes difficultés à répondre à certaines tâches : à formuler des buts, à définir des critères d'évaluation, à

proposer des possibilités de résoudre le problème, notamment des actions et comportements – nouveaux ou difficiles pour lui. La technique peut s'allier à un exercice d'imagerie mentale, de brainstorming ou de jeu de rôle (où le client « laisse parler » l'*alter ego*). Il faut veiller à ce que les éléments retenus de ce travail soient mis en lien avec le cadre de référence du client et « personnalisés » par la suite. Pour ce faire, à cette étape, on peut également appliquer le *processus explicatif*. L'intervention est particulièrement utile dans le counselling.

Planification

Il importe d'aider le client à clairement concevoir les actions / comportements à réaliser pour résoudre le problème et atteindre le but. Il s'agit de définir des étapes plus générales et les différentes actions qui sous-tendent leur réalisation. Sur cette base, on initie et accompagne le client à la formulation d'un *agenda* et d'un *échéancier* qui représentent la planification concrète. De séance en séance, on les reprendra, pour évaluer les étapes réalisées, les problèmes rencontrés, etc., et apporter au besoin des modifications dans la planification. L'agenda et l'échéancier accompagnent les étapes d'action et sont articulés avec, voire intégrés, dans les *tâches à domicile*.

9.3 Tâches à domicile

Les tâches à domicile sont un élément crucial de nombreuses situations de traitement. Elles ont différentes fonctions, en particulier les deux suivantes :

(1) Le client applique dans les situations réelles au quotidien les notions, comportements, etc., travaillés en séance. Ceci contribuera au transfert des acquis faits en séances. Des exemples sont : effectuer des comportements assertifs face à ses collègues et s'auto-renforcer en fonction ; tester la réévaluation cognitive dans des situations affectivement chargées ; reprendre et compléter une grille préparant une décision importante ; revoir et compléter les alternatives, faire un échéancier, discuter avec un proche des détails.
(2) Préparer les informations nécessaires pour les séances et étapes suivantes : par ex., réaliser l'*auto-observation* qui aidera à clarifier certains éléments d'un comportement souhaité, la fréquence et l'intensité de certains problèmes. Les tâches à faire comprennent ainsi des procédures cognitives (la réflexion, la recherche d'information, etc.), mais aussi des actions et comportements concrets à

réaliser, tout en tenant compte de l'auto-observation (noter et enregistrer le vécu et les activités exercées).

10.   Entretien de conseil et counselling

10.1   Définitions et caractéristiques générales

Selon Cormier et Hackney (1987), le counselling peut se définir au sens large comme une *relation d'aide* qui comprend une demande d'aide de quelqu'un et la volonté d'en donner de la part d'une autre personne capable ou formée pour cela, dans un cadre qui permette à cette aide d'être offerte et reçue. Patterson (1967) caractérisait le conseil de manière négative : par le fait qu'il ne s'agit *pas* seulement de donner des informations ou des conseils, et surtout pas d'influencer des attitudes, des croyances et des comportements par la persuasion, l'imposition, la menace ou la contrainte psychologique, ni de la sélection et l'assignement de personnes à des postes de travail, ni encore d'une simple interview.

De manière générale, le « counselling » ou l'entretien de conseil est étroitement lié au concept *de l'aide psychologique (« helping »).* Le counselling se trouve dans nombre de domaines et peut répondre à une grande variété de problèmes. On peut notamment citer la psychologie clinique et la psychologie de la santé, les domaines de la pédagogie et de l'éducation, la famille et le couple, l'orientation professionnelle, le travail et son organisation (les ressources humaines et leur gestion) ou encore les problèmes juridiques.

L'approche centrée sur la personne peut être considérée dans le domaine du conseil comme approche de base, notamment par l'offre relationnelle qu'elle propose et ses interventions de base. Elle est à compléter par des interventions spécifiques ciblant l'offre d'information, l'aide à la décision, l'aide à la réalisation d'une action, ou encore l'aide pour l'évaluation. Ici, la méthode de « résolution de problème » peut être utilisée comme cadre heuristique. Dans certains cas, il s'agit également des interventions ciblées permettant de modifier des comportements du client, comme par ex., par la relaxation, par la réévaluation cognitive ou le renforcement.

Les interventions spécifiques, visant des tâches spécifiques, sont également souvent indiquées, par exemple pour approfondir une évaluation ou la signification personnelle d'une alternative pour la résolution d'un problème.

Les effets attendus du counselling pour les clients peuvent se résumer comme suit :

- être ou devenir capable d'accepter la responsabilité pour soi-même et pour ses problèmes
- développer une compréhension « personnalisée » des problèmes
- développer des actions et alternatives pour résoudre des problèmes
- prendre une décision « optimisée » personnellement
- acquérir et établir de nouveaux comportements et actions
- développer des relations efficaces

Comparé à une thérapie, le counselling se différencie par le fait qu'il est une *relation d'aide* et non une relation thérapeutique au sens strict. Il s'agit d'une relation *coopérative*, mais pas « égalitaire », car client et conseiller ont des rôles différents. Il porte le plus souvent sur la résolution d'un problème circonscrit, souvent à clarifier ou à élaborer, et non sur un changement important au niveau comportemental, cognitif, etc. Il n'inclut pas de diagnostic psychopathologique, mais cible l'analyse du problème et son évaluation. Ses méthodes d'intervention sont issues de l'entretien et du conseil, et complétées par d'autres techniques thérapeutiques. Enfin, les séances sont souvent moins régulières et nombreuses que celles de la thérapie, et en général de durée plus courte. Le nombre de contacts (entre 3 et 10, le plus souvent) dépend évidemment du problème et de la capacité du client à le résoudre.

L'entretien de conseil se caractérise par une « intervention d'échange », par la présentation et la discussion d'informations, permettant au consultant de voir plus clairement une situation et de décider comment résoudre le problème plus ou moins spécifique. En fait, le problème ou la question de départ sont rarement très clairs au début et s'élargissent, se focalisent ou se réorientent lors du processus de conseil. Il s'agit d'insister sur le fait qu'il ne s'agit pas d'un simple échange d'informations et que des aspects affectifs et motivationnels sont effectivement impliqués.

Parmi les types de problèmes amenés par les consultants, se trouvent notamment les suivants, la liste étant bien sûr ouverte :

- Prendre une décision (formation, profession, mariage, opération chirurgicale, etc.)
- Réaliser une décision (divorce, examen médical, nouveau poste, etc.)
- Faire face à un événement (deuil, accident, licenciement, etc.)
- Changer de « mode de vie » (tabagisme, épuisement, problèmes alimentaires, etc.)
- Résoudre des problèmes concrets auxquels on est confronté (éducation, relations, travail, etc.)

Voici un exemple de l'enrichissement d'une alternative d'action par des émotions et significations personnelles du client, à l'aide d'une intervention ciblée empathique et approfondissante comprenant une *directive à l'action* (ici : l'imagination) de la part du conseiller. Ceci dans le but de préparer une décision à prendre.

Cl1   Je ne sais pas comment me positionner face à cette possibilité de partir à l'étranger.

Co1   Essayons de mieux comprendre la signification, l'enjeu que cette possibilité a pour vous, Pourriez-vous essayer de vous imaginer là-bas ? Et choisir une situation concrète, par ex., avec les nouveaux collègues au travail.

Cl2   J'essaie de m'imaginer ça…

Co2   Si l'image est claire, comment est-elle pour vous, cette situation, qu'est-ce que vous ressentez… ? Soyez attentif à tout ce qui se passe en vous…

Cl3   En fait, là je me sens inquiet. Mais je ressens en moi également une espèce de défi – un défi face aux nouvelles tâches avec ces gens…

Co3   Alors prenons ces sentiments et revenons sur l'évaluation de cette alternative…

Les buts du counselling, en termes de résolution de problème, sont doubles. On y trouve des *buts de premier ordre,* initiés et soutenus chez le consultant, à savoir l'information, l'exploration et l'élaboration du problème, le développement des actions et alternatives, la prise de décision et/ou sa mise en œuvre. Les buts de *deuxième ordre*, que l'on peut considérer comme liés aux premiers, visent à augmenter la prise de responsabilité et l'efficacité personnelle et à encourager le « méta-apprentissage », c'est-à-dire apprendre des stratégies qui peuvent aussi s'appliquer à d'autres problèmes.

En termes de l'approche de résolution de problème, l'entretien de conseil peut être divisé en quatre phases comportant chacune ses activités propres. Elles sont résumées dans le tableau ci-après.

Tableau 5. Les phases du counselling selon la « résolution de problème ».

1. Début de l'entretien de conseil	• offre d'une relation coopérative et empathique • ouverture empathique et encouragement à présenter le problème • écoute attentive et active
2. Elaborer le problème par des questions explicatives et définir les buts du conseil	• focalisation progressive du champ problématique • aide à « traduire » le problème et ses composantes en buts du conseil • sélection des buts avec le client
3. Aide pour la recherche et l'évaluation des alternatives pour la résolution du problème Aide pour prendre une décision	• encourager le client à présenter des alternatives déjà trouvées (ou envisagées) • encouragement et « découverte guidée » du client pour trouver d'autres possibilités de résolution • élaboration des pensées, réflexions et imaginations, sentiments et significations personnelles « ressentis » du client par rapport aux alternatives • aider le client à choisir des alternatives
4. Encouragement à mettre à l'épreuve et à réaliser la décision / les actions / les étapes de changement	• discussion des difficultés anticipées ou rencontrées • mettre l'accent sur l'activité et la responsabilité du client lui-même pour le changement • analyse du processus de changement chez le client, y compris le feed-back concernant les progrès et/ou les erreurs éventuelles → en cas de difficultés, retour à 2.

Le schéma suivant montre le *déroulement général* du processus de résolution de problème.

Figure 8. Déroulement du processus de résolution de problème

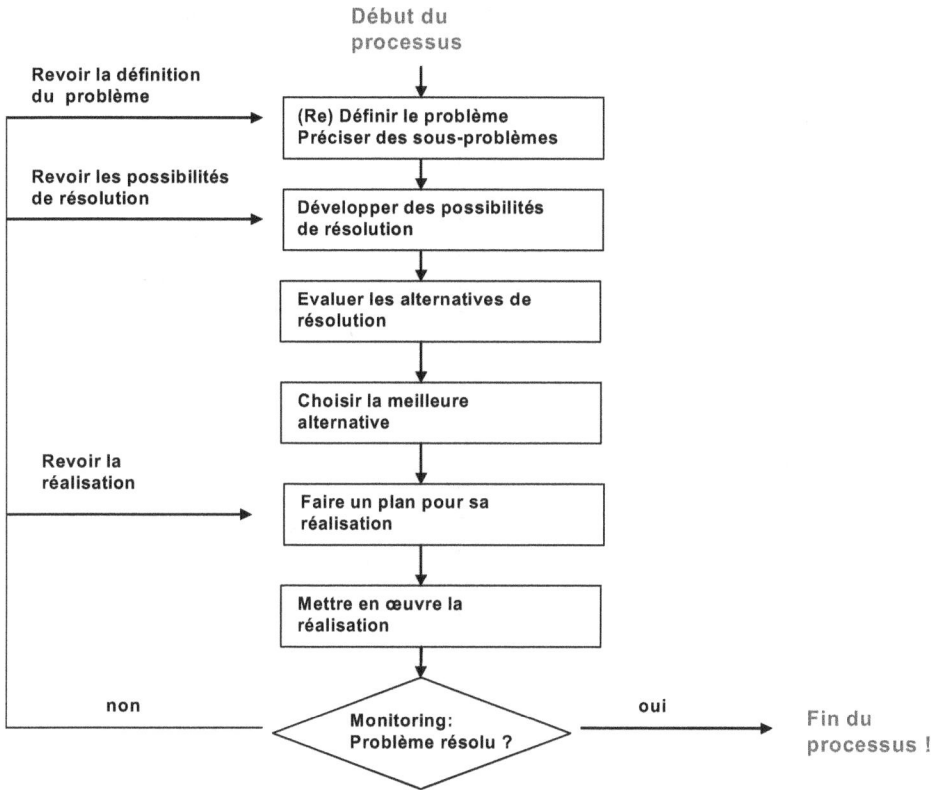

Début du processus

Revoir la définition du problème → (Re) Définir le problème Préciser des sous-problèmes

Revoir les possibilités de résolution → Développer des possibilités de résolution

Evaluer les alternatives de résolution

Choisir la meilleure alternative

Revoir la réalisation → Faire un plan pour sa réalisation

Mettre en œuvre la réalisation

non — Monitoring: Problème résolu ? — oui → Fin du processus !

10.2 Phases et composantes du counselling : les interventions d'aide « compétente »

Modèle cadre

En nous inspirant d'un modèle de Carkhuff (2009), nous proposons pour les processus de l'aide et du counselling une conception sous forme de *« compétences de l'aide »* (« skills of helping »), définies par quatre *phases* majeures et un certain nombre de *composantes* sur lesquelles elles reposent.

Les étapes ou phases se basent sur des interactions réalisées (a) au sein d'une relation d'aide et (b) en fonction des interventions du conseiller. Elles consistent *chez le client* en quatre étapes reflétant des *processus intraperson-nels* majeurs : (1) contact et engagement (« involvement »), (2) exploration, (3) compréhension et (4) action. L'action, à la fin d'un processus d'aide réussi, aboutit normalement à une atteinte du but envisagé : une résolution du problème, au moins partielle, une décision prise ou un changement de comportement réussi.

Ces phases caractérisant le processus d'aide chez le client sont stimulées, facilitées, enrichies et élaborées par des *interventions de « counselling »* réalisées par l'aidant. Chez *le conseiller*, les quatre étapes majeures comprennent les processus (1) accueillir et impliquer, (2) répondre, (3) personnaliser et (4) initier à l'action. Les interventions à réaliser par l'aidant peuvent être formulées en termes de savoir-faire ou de compétences. Par conséquent, le *counselling compétent* repose sur la maîtrise de différentes stratégies et techniques qui permettent au client de traverser les quatre étapes de l'aide de manière « efficace ».

Selon cette conception de *compétences de l'aide,* le counselling est alors un processus que l'on peut apprendre et auquel on peut s'entraîner pour professionnaliser l'aide et le counselling. Formulés en tant qu'action ou comportement, les quatre phases principales peuvent être présentées de la manière suivante :

Client

Conseiller

Entrer en contact et s'engager   *Accueillir et impliquer*
Explorer   *Répondre*
Comprendre   *Personnaliser*
Agir   *Initier à l'action*

Le modèle considère différentes *composantes* caractérisant les sous-processus et le déroulement de chacune des quatre étapes principales. Ces composantes correspondent également à une séquence, à une évolution « imbriquée » : comme le montre le schéma suivant, la composante précédente est un prérequis pour la composante suivante. Par exemple, le client va normalement présenter et explorer sa situation problématique avant qu'il n'explore la signification et les sentiments qui y sont liés.

Cependant, dans la plupart des cas, il n'y a pas une seule séquence linéaire mais le processus peut retourner à une composante précédente et y redémarrer. Parfois, cette évolution, par exemple dans la phase de la « compréhension » (situation – signification – sentiments – raisons pour les sentiments), est réalisée en plusieurs *boucles* avant que le problème du client ne devienne plus clair, plus structuré, plus explicite pour être élaboré et « compris » par la suite (voir aussi le schéma ci-dessus).

Figure 9. Schéma des phases et composantes du counselling (modifié d'après Carkhuff, 2009)

Conseiller: Interventions processus interpersonnel	Prête attention et implique	Répond	Personnalise	Initie à l'action

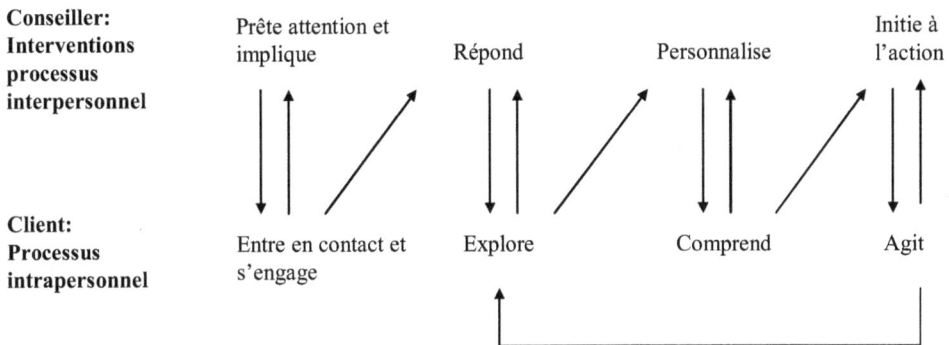

Client: Processus intrapersonnel	Entre en contact et s'engage	Explore	Comprend	Agit

10.3   Exemple

Ci-après, nous présentons un exemple d'un counselling, avec son déroulement, les étapes et les processus (d'après Carkhuff & Anthony, 1979). La colonne de droite spécifie les différentes phases et les processus-clé chez le client lors d'une telle prise en charge.

A partir de cet exemple, nous introduirons les composantes et processus centraux, qui seront repris et élaborés, y compris les interventions spécifiques visant à stimuler ces processus chez le client.

Le processus d'aide dans la perspective du client	Phases et composantes du counselling en termes des processus réalisés par le client
Une conseillère est en train de travailler avec un homme qui a des problèmes d'alcool. Il n'a pas réussi à contrôler sa consommation par le passé et ne le fera pas dans le futur à moins qu'il n'apprenne une manière différente de gérer ses problèmes. Il réalise que son premier pas doit être de s'engager avec quelqu'un qui peut l'aider.	
	Contact et engagement
Par *engagement*, nous entendons que le client doive *se présenter* pour un counselling plutôt que de trouver une excuse pour éviter la séance. Il doit se détendre suffisamment pour *s'exprimer de manière non verbale* en termes de signaux visuels spécifiques communiqués par son apparence et son comportement. Il doit *s'exprimer verbalement* en parlant volontairement de quelque chose. Et éventuellement, en devenant complètement engagé, il doit commencer à *exprimer du matériel personnel important* en utilisant les mots « moi », « mon », et « je ». Ce sont les quatre composantes d'*engagement* qui caractérisent les processus de « pré-aide » de la personne aidée.	Entrée en contact

Expression non verbale

Expression verbale

Présentation du matériel personnel important |
| | **Exploration** |
| Une fois que le client ou la personne aidée *s'est engagé*, il doit se diriger vers la prochaine phase du processus d'aide. Ici, le but est l'*exploration* d'où il se situe réellement en termes de ses sentiments insignes, ses problèmes, son expérience générale du monde. Il doit commencer en discutant de sa *situation actuelle* – les faits qui l'ont amené à vouloir boire – qui reflète comment il tend à gérer les problèmes, qui montre comment il s'entend avec les gens. Ayant complètement décrit la situation actuelle, la personne aidée doit alors considérer la *signification actualisée* que cette situation a pour elle. Peut-être le client a-t-il récemment perdu son travail en raison de son problème d'alcool. Tend-il à considérer cette perte comme une menace du point de vue financier ? Comme un signe de l'hostilité que les autres lui ont témoignée ? Il doit répondre à la question : « Qu'est-ce que cette situation ou ce fait signifie réellement pour moi ? ». Le client doit ensuite commencer à organiser son expérience en nommant les *sentiments et émotions immédiats* qu'il éprouve concernant la situation. Enfin, il doit identifier les *raisons immédiates pour ses émotions et significations affectives* qui semblent expliquer pourquoi il se sent ainsi et trouver une raison pour chaque sentiment. | Exploration de la situation actuelle

Exploration de la signification actualisée

Exploration des émotions actuelles

Exploration du problème |
| Le consultant en train d'explorer son problème d'alcool pourrait commencer en décrivant une situation impliquant la perte d'un travail, des factures impayées, ses enfants devenant ma- | Exploration de la signification et des sentiments |

lades, et la pression financière en résultant. Il pourrait poursuivre en parlant de la manière dont cela a affecté sa famille et comment sa femme le traite. Du point de vue du client, la *signification immédiate* de cet ensemble de circonstances pourrait être, « ma vie est vraiment hors de mon contrôle ». Les *sentiments* et ressentis immédiats liés à cette signification expérientielle pourraient bien inclure la colère, l'impuissance, même la dépression. De plus, les raisons immédiates pour ces sentiments pourraient être exprimées en termes de « la manière dont ma femme me dispute par rapport à l'argent » et « la manière dont les employeurs me traitent, comme si j'étais incapable ». Enfin, une étape cruciale, la personne aidée doit arriver *à lier ensemble les sentiments et les raisons* : « Je suis en colère à cause de la manière dont ma femme me harcèle à propos de l'argent et je suis déprimé à cause de la façon dont mon chef me traite, comme si j'étais un incapable ».

Exploration des raisons pour les sentiments

Ainsi, ici, nous avons une esquisse des étapes et processus par lesquelles la personne aidée doit passer durant le processus d'*exploration*.

La discussion précédente sur le matériel personnellement important a souligné l'implication totale du client et a mené directement à sa présentation de matériel situationnel spécifique – la première phase de l'exploration. A ce stade, la phase finale de l'exploration, la considération par le client de ces ressentis actuels et de leurs raisons, conduit de manière similaire aux débuts d'une compréhension plus personnalisée. Alors qu'initialement le client trouve toute une série de causes externes pour sa situation – le monde est contre lui, sa famille lui met la pression – il doit maintenant commencer à reconnaître les façons dont *lui-même* est responsable de sa situation et donc avoir la possibilité de la changer pour du meilleur.

Compréhension

Au début de la phase de *compréhension*, le client doit traduire sa conscience de ses sentiments actuels et leurs raisons en des *significations* plus *personnalisées*. Il doit commencer à répondre à la question : « En quoi suis-je responsable ? » Le changement en résultant peut se caractériser par un énoncé du genre : « Ma femme me dispute sur le fait que nous avons très peu d'argent » en un énoncé du style « Je ne ramène que la moitié de ce que j'avais l'habitude d'apporter chaque semaine ». Ainsi, « personnaliser la signification » exprime la signification d'une situation après avoir laissé de côté les agents et causes externes ; la personne aidée arrête de blâmer les autres et se focalise sur la situation en termes de comment elle en est responsable. Ensuite, la personne aidée doit essayer de formuler son *problème personnalisé* en termes d'un déficit compor-

Comprendre les significations personnalisées

Comprendre le problème personnalisé

Comprendre les sentiments en lien avec le problème personnalisé

temental spécifique : « Je n'arrive pas à tenir un travail et ramener assez d'argent pour soutenir ma famille ». Une reconnaissance du problème réel incite le client à exprimer des *sentiments* plus *personnalisés*. A la place de râler contre les forces
externes qui ont suscité sa colère au début, l'homme peut maintenant dire, « Je me sens vraiment incompétent car je ne peux
pas tenir un travail et ramener assez d'argent pour soutenir ma
famille ». Ayant atteint ce point, le client peut maintenant se retourner vers ses sentiments, significations et problèmes personnalisés de manière à focaliser un *but personnalisé* : « Je me
sens vraiment incompétent car je ne peux pas tenir un travail –
et je veux être capable de ramener assez d'argent pour soutenir
ma famille ».

Comprendre le but per-
sonnalisé

A ce stade, il est possible d'étoffer la « compréhension » dans
notre modèle cadre du processus d'aide.

Maintenant, le consultant a un but. De plus, il est parvenu à une
compréhension personnalisée de sa situation qui montre comment un *déficit comportemental spécifique* l'a retenu. Pour
atteindre son but, l'homme doit aborder ce déficit directement.
Cela peut être accompli en définissant plus avant le but personnalisé, mais encore vague, en termes concrets, mesurables et
significatifs. Ceci est la première des quatre étapes qui vont
culminer dans l'accomplissement du but. Ici il y a traduction de
son but général – être capable de soutenir sa famille – en termes
concrets et spécifiques du genre, « Je veux être capable d'acquérir un travail qui me rapporte au moins 1'200 francs la semaine ». C'est seulement en ayant un but concret et mesurable
que la personne sera capable de reconnaître le moment où elle
aura accompli son but. En l'absence de quelques paramètres
stricts, la personne aidée peut se démener en se demandant
indéfiniment « Suis-je réellement parvenu à quelque part ? ».

Action

Définir le but personnalisé

Préciser le but

Une fois que le but a été défini, la personne aidée doit considérer les multiples manières dont ce but peut être approché. Il y a
de multiples manières d'atteindre presque tous les buts. Le but
de la personne aidée est ici de *choisir une série d'actions (un
plan* ou *programme)* qui va mener directement au but tout en
augmentant (ou au moins en ne détériorant pas) les valeurs
personnelles. Ainsi, la personne aidée doit élargir sa conscience
à la fois des *alternatives* et des *valeurs* personnelles pour ensuite adopter une approche systématique pour sélectionner cette
série d'actions qui correspond le mieux à sa situation personnelle et à son objectif.

Développer des alterna-
tives d'action (plan
d'action) pour atteindre
le but

Evaluer et choisir
l'alternative optimale à
réaliser – selon les va-
leurs personnelles

Ayant défini un but approprié et choisi un plan optimal, la personne aidée doit *planifier des étapes primaires* et *secondaires*

Planifier les actions à
réaliser pour atteindre le
but

qui vont la mener directement à son but. Pour notre client, cela peut impliquer de développer une liste systématique d'employeurs potentiels, de rédiger un curriculum vitae, et d'acquérir des compétences liées à l'entretien. Une fois que ces étapes à faire ont été définies, le client doit prévoir une série « *d'étapes à penser* » qui vont servir à lui indiquer s'il est, à un moment donné, réellement en bonne voie et en direction de son but. Ainsi, si l'une des étapes à faire a impliqué de créer une liste de 50 employeurs potentiels, l'étape à penser qui l'accompagne peut impliquer de se poser quelques questions : « Où ai-je envie de travailler ? Quelle sorte d'employeurs engagent généralement des gens avec mes compétences ? Quels employeurs spécifiques de ce type se trouvent dans ma région géographique ? »

Prévoir l'évaluation de la réalisation de l'action / l'atteinte du but

Finalement, évidemment, la personne aidée doit commencer à *réaliser les étapes* qu'elle a déterminées ; le programme ne sert à rien sans la capacité de la personne aidée à le mettre en action. Sachant cela, la personne aidée devrait être sûre que son programme d'action contienne assez d'étapes, chacune étant relativement facile à entamer pour elle.

Réaliser les actions / les étapes du plan

Nous pouvons maintenant compléter le modèle d'aide basique en ajoutant les phases de l'action du client.

Evaluer l'atteinte du but – le changement

Le résultat de toute séance d'aide vraiment efficace est un changement positif et « mesurable » dans le comportement de la personne aidée. En ce qui concerne notre exemple, l'atteinte de son but par la personne aidée va refléter son acquisition et son usage de compétences spécifiques. Son comportement sera différent – c'est-à-dire qu'il sera capable de trouver un travail qui lui permettra de soutenir sa famille parce qu'il a appris à agir différemment. N'étant plus l'incompris ou la victime nuisible qui a un problème, il sera un homme qui aura au moins commencé à tenter d'accepter comment ses propres actions influencent sa propre vie.

Inutile de le dire, notre conseillère dans cette situation devra certainement travailler avec son client pour plusieurs séances. Bien que l'aide efficace puisse être donnée dans certaines situations durant un échange de quelques minutes, le type d'aide requis par un individu tel que notre client dans l'exemple ne peut pas être donné de cette manière. De même, toute séance d'aide, qu'elle dure trois minutes ou trois heures, ne devrait pas être considérée par le conseiller comme une fin en soi. L'une des caractéristiques-clé du modèle est la manière par laquelle les trois phases principales du processus d'aide peuvent être *réintroduites (recyclées) et servent de feed-back* pour l'exploration, la compréhension et l'action *ultérieures*. De nou-

Réintroduire (« recycler ») le feedback de l'action, de la compréhension et de l'exploration

veaux comportements produisent inévitablement de nouveaux ressentis et de nouvelles situations. Et cela fournit en retour un nouveau point focal pour une exploration, une compréhension et une action futures. Ainsi, ce qui à première vue semble être un processus linéaire doit au final être considéré comme une spirale continue d'activité et de croissance de la personne aidée.

Cela complète l'exemple concernant les étapes et processus qu'une personne aidée doit traverser pour résoudre un problème : s'engager, explorer, comprendre, agir. La plupart des personnes demandant de l'aide sont démunies précisément parce qu'elles ne peuvent pas compléter l'un ou l'ensemble de ces quatre groupes d'activités. Le conseiller efficace sait cela et utilise des compétences spécifiques destinées à promouvoir le succès de la personne aidée dans chaque phase et lors de chaque sous-processus.

A partir de l'exemple de cas précédent, on peut synthétiser les phases et les composantes, comme le montre le tableau de la page suivante.

Lors de la première étape, à titre d'exemple, le client arrive et essaie d'établir un contact, à sa manière (ce qui représente déjà un grand pas pour nombre de personnes). Dès le tout premier moment, il se présente et s'exprime par ses comportements non-verbaux (posture, gestualité, expression faciale), dans leur grande majorité non-conscients, ainsi que par les aspects para-verbaux (paramètres de la voix, accompagnant ses prises de parole et ses dires). Il s'exprime verbalement et forme des propositions, des tournures et des arguments, etc., ceci également d'une manière personnelle. Dès qu'une véritable relation d'aide s'est installée avec le conseiller, le client parvient à s'ouvrir au processus d'aide et commence à exprimer des thèmes personnels et présente du matériel d'importance. Pour que ces sous-processus de la première étape, que l'on peut également appeler « pré-aide », puissent avoir lieu chez le client, il est nécessaire que le conseiller réalise les interventions d'aide « complémentaires » et nécessaires pour entamer, stimuler et faire évoluer (a) la relation d'aide et (2) l'échange et les interactions spécifiques.
Toute la gamme des interventions, élémentaire et ciblées, telles que montrées dans le schéma synthétisant (voir chap. 12) peut faire partie des efforts du conseiller. On y retrouve la diversité et la complexité des interventions de *counselling compétent*.

De nombreuses évidences empiriques sont en faveur d'une telle conception. Les personnes ayant reçu un tel counselling éprouvent bien plus d'améliorations, relatent plus de résolutions de problème réussies et plus de changements comportementaux que les groupes non-traités et les groupes contrôles (par ex., Carkhuff & Anthony, 1979).

Il est très important de reconnaître que les étapes et leurs composantes sont à articuler avec des processus *d'apprentissage*. Différents types sont stimulés, évoqués et maintenus (parfois explicitement) par les processus au cours du counselling : modelage, renforcement et auto-renforcement, exposition et habituation, gain en efficacité personnelle, etc. (voir aussi les modèles du *modus operandi* en ACP, chap. 6).

Tableau 6. Phases et composantes du processus de l'aide « compétente » (A)

**Phases et *composantes*
du processus d'aide – côté client**

Contact et engagement (« involvement »)
Le client
(1) arrive et entre en contact
(2) s'exprime de manière non verbale
(3) s'exprime verbalement
*(4) exprime/présente du matériel personnel
important*

Exploration
Le client
(1) explore sa situation actuelle
(2) explore les significations actualisées
*(3) explore ses sentiments et émotions ac-
tuels/immédiats –*
*(4) explore les raisons immédiates/actuelles
pour ses émotions (et significations affectives).*

Compréhension
Le client
*(1) comprend les significations personnelles
ou « personnalisées »*
(2) comprend le problème personnalisé
*(3) comprend ses émotions et sentiments
personnalisés*
(4) comprend ses buts personnalisés

**Phases et *composantes* de l'aide
« compétente » – côté conseiller**

Accueil et implication (« attending »)
Le conseiller
*(1) prépare la situation/le contexte et se
présente*
(2) se positionne et s'exprime
(3) observe
(4) écoute

Répondre
Le conseiller
(1) répond aux contenus
(2) répond aux significations actuelles
*(3) répond aux sentiments et émotions ac-
tuels et actualisés*
*(4) répond aux émotions (et significations
affectives) en lien avec les raisons et causes
immédiates/actuelles*
Les réponses consistent à donner des feed-
backs empathiques et approfondissant, portant aussi sur l'implicite, et à encourager le
client à l'auto-exploration et au processus
explicatif

Personnaliser
Le conseiller répond en « personnalisant » –
il
(1) personnalise les significations
(2) personnalise le problème
(3) personnalise les sentiments et émotions
(4) personnalise les buts
Les processus consistent essentiellement à
répondre en « actualisant » dans l'immédiat
les thèmes et contenus communiqués, à
l'aide des réponses empathiques, en utilisant
aussi le questionnement, la confrontation,
l'approfondissement et le processus explicatif

Tableau 7. Phases et composantes du processus de l'aide « compétente » (B)

Phases et *composantes* du processus d'aide – côté client	**Phases et *composantes* de l'aide « compétente » – côté conseiller**
Action	**Initier (« Initiate »)**
Le client	Le conseiller
(1) définit son (ses) but(s)	*(1) (co-)définit le(s) but(s) avec le client*
(2) développe des alternatives pour une démarche et la/les action(s) à entreprendre	*(2) aide à développer et à explorer les alternatives*
(3) évalue et choisit l'alternative à réaliser	
	(3) aide à développer des valeurs/critères et introduit aux démarches pour les évaluer et pour décider
(4) développe les étapes/actions (un plan) à réaliser	*(4) aide à développer les étapes d'action primaire et secondaire ainsi que les étapes « cognitives »*
(5) réalise les étapes/actions et les évalue	*(5) aide à effectuer, maîtriser et évaluer l'action*
(6) (auto-)renforce les actions effectuées	*(6) aide à renforcer les actions réalisées*
(7) un feedback de l'action est réintroduit (« recyclé ») vers l'exploration pour enrichir les expériences	*(7) aide à « recycler » le feedback de l'action vers l'exploration pour enrichir les expériences*

Chaque phase peut être décrite par des comportements-type (non verbaux, verbaux, affectifs, cognitifs-propositionnels, affectifs) côté client ainsi que côté conseiller. A titre didactique – pour améliorer la compréhension et l'entraînement – on peut en proposer certaines *formulations-type*, à considérer comme des formules standard qui – correctement appliquées par le conseiller – aideront le client à s'engager et à effectuer les processus respectifs. Il s'agit d'encourager chez le client le processus respectif, de l'élaborer et de le maintenir (voir tableau ci-dessus, suite).

10.4 Pratique des interventions spécifiques au counselling

Les tableaux suivants présentent les phases et composantes du counselling en les liant à des interventions et formulations-type. La première phase, que Carkhuff (2009) appelle « pre-helping », porte sur les interventions préparant la phase de l'accueil et de l'implication : préparation du setting, positionnement, attention et ouverture.

Tableau 8. Phases et composantes du counselling et formulations-type (A)

Phases et composantes réalisées par le client et par le conseiller	Interventions et formulations-type
A. Le client entre en contact et s'engage – le conseiller l'accueille et l'implique	**Le conseiller…**
(1) prépare la situation/le contexte	prépare la pièce et le « setting » (lumière, chaises, etc.), la situation assise, invite à des positions assises adéquates
(2) se positionne et se montre attentif	prend une position détendue et attentive, s'orientant vers le client, sans être trop proche, prête attention, établit et maintient le contact visuel, se dirige vers le client en avant, ne croise pas les bras
(3) observe	étant en contact visuel continu, observe de manière aussi complète que possible, mais laisse s'imprégner de la totalité des registres d'expression
(4) écoute activement	signale être prêt et à l'écoute, écoute activement et précisément (montrant par des signes non-verbaux), son écoute et sa résonance attentionnelle, invitant le client (de manière non verbale) à s'exprimer

Tableau 9. Phases et composantes du counselling et formulations-type (B, C)

B. Le client explore - le conseiller répond	Le conseiller peut dire…
(1) répond aux contenus	« Par-là, vous voulez dire que _____ »
(2) répond aux significations actuelles	« Ceci veut dire pour vous _____ » « Vous pensez que ça signifie pour vous _____ »
(3) répond aux sentiments et émotions actuelles et actualisées	« Vous (res)sentez _____ dans cette situation / en ce moment (même) »
(4) répond aux émotions (et significations affectives) en lien avec les raisons et causes immédiates/actualisées [raisons provenant du cadre de référence du client]	« Vous (res)sentez _____ dans cette situation / en ce moment (même) parce que _____ » *Les réponses consistent à donner des feedbacks empathiques et approfondissant, portant aussi sur l'implicite, et à encourager le client à l'auto-exploration*
C. Le client comprend – le conseiller personnalise	**Le conseiller peut dire…**
(1) personnalise les significations	« Vous sentez _____ parce que _____ »
(2) personnalise le problème	« Vous sentez/ressentez _____ parce que vous ne pouvez pas _____ »
(3) personnalise les sentiments et émotions	« Vous sentez _____ parce que vous ne pouvez pas _____ (nouveau sentiment) _____ »
(4) personnalise les buts	« Vous sentez _____ parce que vous ne pouvez pas _____ mais vous voulez _____ » *Les interventions consistent essentiellement à répondre en « actualisant » dans l'immédiat les thèmes et contenus communiqués, à l'aide des réponses empathiques, en utilisant aussi le questionnement, la confrontation, l'approfondissement et le processus explicatif.*

Tableau 10. Phases et composantes du counselling et formulations-type (D)

D. Le client prépare l'action – le conseiller initie	Le conseiller peut dire…
(1) définit avec le client le(s) but(s)	« Votre but – en ce moment – pourrait être formulé ainsi _____ » « Votre but pourrait être formulé ainsi _____ et mis en évidence par _____ »
(2) aide à développer et à explorer les alternatives d'action	« Comment pourriez-vous arriver à / réaliser _____ [ce but] ? En faisant quoi _____ ? » Lorsque le conseiller voit d'autres possibilités (importantes), il pourrait les suggérer, sous une forme hypothétique : « Une autre possibilité pour y arriver pourrait [éventuellement] consister à_____ » « Vous pourriez essayer un 'brainstorming' pour voir toutes les possibilités, éventuelles, sans les juger… » [ensuite tenir compte de ce qui est 'faisable' par le client] Par la suite, ils vont en retenir les alternatives / cours d'action (a) pertinents pour le but, (b) assez précis / opérationnels et (c) faisables
(3) aide à développer des valeurs/critères et démarches pour les évaluer et pour décider	« Quelles sont les choses / valeurs les plus importantes pour vous, dont il faut tenir compte pour choisir une alternative / action ? »
(4) aide à développer / préparer les étapes d'action primaire et secondaire ainsi que les étapes « cognitives » (5) aide à effectuer, maîtriser et contrôler l'action (6) aide à renforcer les actions réalisées (7) aide au feedback et à « recycler » les différentes techniques, stratégies et actions	« A part _____ qu'est-ce qui est encore d'une grande valeur pour vous ? » « Comment pondérez-vous ces valeurs _____ et _____ pour les évaluer en fonction des alternatives / actions (pour établir des critères) » *[Si nécessaire, le conseiller revient sur la compréhension ou l'exploration pour « ancrer » et pondérer les valeurs et critères à retenir]* *A part les questions du Qui, Quoi, Quand, etc. qui seront à préciser lors de cette phase, les questions « Comment » sont importantes, notamment pour « opérationnaliser » les actions à réaliser.*

10.5   « Contracting »

Le « contracting » représente une variante – ou composante – importante du counselling, dans certaines circonstances. En particulier, si le client présente des *difficultés de motivation* dans la réalisation d'un changement ou dans la résolution de problème, cette intervention spécifique peut s'insérer dans la procédure de résolution de problème ou de prise de décision et la complète.

Le *contracting* vise à impliquer et à diriger – maintenir et accompagner – le client au mieux dans sa démarche de prise de décision et de mise en œuvre, ainsi qu'à contrôler les actions envisagées. Au centre de la démarche est un « contrat » développé ensemble avec le client qui va le souscrire pour ainsi créer et renforcer l'adhérence aux plans et décisions prises. Le contrat portera aussi sur le counselling en tant que tel, les buts et actions envisagés ensemble, et les tâches qui incombent au client et au conseiller. Dans ce sens, le contracting partage certains éléments avec l'analyse des buts à atteindre (Pauls & Reicherts, 2012 ; Reicherts & Pauls, en prép.).

Comme le montrent les étapes suivantes, le contracting se chevauche en partie avec le processus de counselling ou de résolution de problème :
1. Réflexion sur le problème du point de vue du client
   (dans son cadre de référence)
2. Faire part du point de vue du psychologue / conseiller
3. Spécifier les problèmes pour le changement envisagé
4. Développer / préciser les buts
5. Concevoir un plan de travail et d'intervention
6. Définir les étapes d'action
7. Planifier l'évaluation de l'atteinte des buts
8. Résumer le contrat

Le tableau suivant résume les étapes en lien avec des formulations-type que le conseiller peut utiliser pour réaliser l'étape en question.

Tableau 11. Etapes et actions du « contracting » et formulations-type

Etapes principales	Interventions et formulations-type
1. Réflexion sur le problème du point de vue du client	*« De votre point de vue, un des problèmes que vous aimeriez traiter lors de notre travail, est _____ ? »*
2. Faire part du point de vue du psychologue / conseiller	*« Lorsque nous avons parlé de la situation, je me suis posé la question, si éventuellement _____ . Qu'en pensez-vous ? Est-ce quelque chose dont nous devrions tenir compte ?»*
3. Spécifier les problèmes pour le travail et le changement envisagés	*« Il me semble que nous sommes d'accord concernant les problèmes que nous voulons affronter dans notre travail ensemble. Parcourons-les encore une fois. Je vais les noter pour que nous puissions y revenir :* *En premier lieu, il y a le problème_____ .* *Deuxièmement, le problème _____ .* *En troisième lieu, nous avons le problème _____ . »* *« Cela vous semble un rassemblement correct des problèmes qui sont en jeu ? »*
4. Développer/ élaborer des buts	*(1) Encouragement pour la formulation : « (Plus) précisément : comment, par quoi, en quoi allez-vous percevoir si le problème sera vraiment résolu ? »* *(2) Réflexion sur le but « De votre point de vue, un but de notre travail consiste à _____ . Est-ce bien ça ? »* *(3) Faire part de sa propre vision du but : « Je me demande s'il y a bien du sens à considérer _____ comme un but de notre travail ».*
5. Conception / élaboration d'un plan de travail et d'intervention	*« Qu'est-ce qu'il faudrait faire d'après vous pour parvenir à ce but_____ ? » « Quelles seront des possibilités / des étapes que vous pourriez faire ? »*
6. Définition des étapes d'action	*« Quel sera un indice d'avoir fait un premier pas vers l'atteinte du but ? »* *« Quel sera le tout premier indice d'un progrès dans cette direction ? »* *« Alors, le premier (prochain) pas que vous allez (nous allons) entreprendre, c'est _____ .* *Vous allez (nous allons) réaliser cette tâche jusqu'au _____ et nous en parlerons le _____ (date précise).* *« Qu'en pensez-vous que nous allons faire _____ comme prochain pas pour réaliser_____ (le but) ? »*
7. Planifier l'évaluation de l'atteinte des buts	*Pour évaluer l'effet de _____ (action) vous allez voir _____ au moment _____ . Si c'est ok, vous continuez avec _____ (action), sinon vous essayer de faire _____ .*
8. Résumer le contrat	*« Résumons ensemble notre 'contrat' :* *votre problème est _____ et votre but consiste à arriver à _____ . Vous allez faire _____ au moment _____ .* *L'indice d'y être arrivé est _____ .*

11.   Entretien initial

Ce bref chapitre regroupe certains éléments pratiques, spécifiques à l'entretien initial, sous sa forme de la toute première étape d'une thérapie ou d'un counselling, où l'aidé et l'aidant se rencontrent pour la première fois en face à face, commencent à communiquer, à développer une relation d'aide, une alliance de travail, et préparent les éléments du *contrat* qui sous-tendra la suite du processus.

Dans ses formes plus précoces encore, l'entretien initial peut prendre d'autres fonctions comme un simple transfert ou un aiguillage du client vers une autre personne ou institution de prise en charge spécifique. Il peut faire l'objet d'une intervention de crise (par exemple, suite à un traumatisme). Dans sa forme la plus habituelle, l'entretien initial est la première étape d'un processus d'accueil et de diagnostic – dans le sens large du mot – qui peut déboucher sur la décision de convenir du début d'une thérapie ou d'un counselling.

Cette situation initiale étant le plus souvent inconnue et peu familière pour les personnes se présentant chez un thérapeute ou un conseiller, beaucoup d'entre elles éprouveront – et évoqueront parfois assez rapidement – des sentiments comme de l'anxiété, de l'inquiétude, de la culpabilité, de la honte, ou encore de la dépression. Ainsi, l'enjeu qui apparaît d'emblée pour le thérapeute est celui d'offrir un cadre d'accueil pertinent, de répondre de manière empathique, de faire preuve d'authenticité et de considération positive tout en posant des questions concrétisantes ou approfondissantes.

Durant cette première prise de contact, les informations suivantes sont à récolter ou à prendre en compte :
- Un diagnostic préalable, psychopathologique ou orienté vers l'intervention (comprenant l'analyse du comportement ou l'analyse fonctionnelle, par exemple)
- Les éléments biographiques
- La situation et le contexte de vie actuels du client (famille, habitat, santé, situation professionnelle, etc.)
- Les problèmes et symptômes psychologiques
- Les attitudes par rapport à la prise en charge et au traitement
- La motivation pour le traitement et d'autres caractéristiques psychiques ayant une influence éventuelle sur la prise en charge.

Il est possible de décrire le déroulement de l'entretien initial selon différentes étapes représentant différentes fonctions :

- La première phase consiste à offrir et à établir une relation d'aide par le setting, le cadre, l'ouverture, l'écoute active, etc.
- Le thérapeute ou le conseiller aborde la récolte et la vérification d'informations importantes concernant le diagnostic ou la situation actuelle.
- De sa part, le client attendra également que le thérapeute lui présente les informations importantes concernant notamment la manière d'aborder et de travailler sur ses problèmes, c.-à-d., l'approche et la démarche thérapeutiques ou encore les rôles respectifs de client et de thérapeute.

Après ces étapes plutôt formelles, la suite de la séance introduira des éléments plus spécifiques à l'approche de traitement, illustrant ainsi plus concrètement la manière de travailler ensemble :

- Le thérapeute ou conseiller encouragera le client à s'exprimer afin de mettre à jour sa compréhension ou d'éventuels malentendus. De plus, le client est encouragé à prendre la responsabilité pour la thérapie, en se voyant offrir l'expérience d'un soulagement ou d'un espoir.
- Il s'agira alors de clarifier les attentes du client par rapport au traitement et ses effets, ou par rapport à la personne du thérapeute ou du conseiller. De plus, il sera interrogé sur sa motivation à s'engager et à s'impliquer dans le processus thérapeutique à venir. Ceci en l'encourageant et en l'aidant à développer sa motivation personnelle.
- En général, un *contrat* de prise en charge est établi (au moins oralement). Il a pour fonction de préciser les rôles, les droits et les obligations, ainsi que les responsabilités mutuelles. En counselling, mais surtout en thérapie, on propose le plus souvent une *période d'essai*, de 3 séances par exemple. Après cette période, client et thérapeute peuvent arrêter de travailler ensemble, bien sûr en évoquant les raisons, mais sans qu'il y ait d'obligations ultérieures.
- Enfin, la séance se termine par un petit résumé des thèmes et éléments abordés. A nouveau, le client est invité à s'exprimer sur son vécu de l'entretien. Une formule d'adieu clôture le premier contact.

Ces différentes étapes vont notamment permettre d'évaluer en même temps – de manière préalable au moins – des caractéristiques du client importantes pour le processus thérapeutique ou de counselling, comme par exemple sa capacité d'auto-exploration ou de s'engager dans un processus explicatif, son type de traitement interne (mode d'auto-attention, types de « défenses »), ses comportements non verbaux (présente-t-il des incongruences avec ce qu'il exprime verbalement, par exemple) ou son type de discours. Dans la situation de face à face, des indications importantes pourront également être mises en évidence par rapport au style relationnel de la personne.

En somme, la réactivité ou la « responsivité » du client à différentes interventions (par ex., aux verbalisations empathiques, au questionnement personnalisant, à une séquence de processus explicatif) est évaluée par le thérapeute ou conseiller. Il est important de noter qu'il est possible de proposer des interventions approfondissantes, notamment en termes du processus explicatif, déjà lors de l'entretien initial, comme le montre une étude expérimentale de Reicherts et Montini (2006). En effet, ces interventions permettront de tester d'emblée la capacité du client à répondre ou à réagir à l'offre proposée, mais aussi de présenter de manière précoce l'approfondissement dans le travail thérapeutique ou de counselling.

Entretien motivationnel

Une variante de l'entretien initial, particulièrement intéressante dans le contexte des troubles et problèmes de dépendance, est l'*entretien motivationnel* d'après Miller et Rollnick (Miller & Rollnick, 2006 ; voir aussi Carruzzo et al., 2009). Se basant sur l'approche centrée sur la personne, il représente une approche à part entière, réunissant différentes interventions ciblées de l'entretien et du counselling développées ici : le questionnement, la confrontation, la directive au processus, le processus explicatif, etc., dans le but de définir les comportements problématiques et de les concevoir comme *problème personnalisé*, pour lequel la motivation et les possibilités de résolution sont explorées et mises en avant.

12.   Articulation entre différents niveaux d'intervention

Vers un système hiérarchique des interventions et compétences en entretien et counselling

Il est devenu évident que les interventions décrites et proposées dans ce manuel s'articulent de différentes manières. Tout d'abord, les interventions d'entretien élémentaires, suivant les variables de base et supplémentaires de l'ACP, décrivent le *premier niveau* basique. Elles sont effectivement à la base de pratiquement toute intervention de counselling ou de thérapie. Reposant sur la préparation du « setting » de l'entretien (accueil, arrangement de la pièce, etc.) et sur les comportements d'ouverture et d'attention active (positionnement, contact visuel, écoute active, observation bienveillante, etc.), elles représentent le prérequis ou sont les ingrédients de toute interaction d'aide.

Elles sont complétées, sur un *deuxième niveau*, par des interventions favorisant et construisant les relations d'aide – de thérapie et de counselling : les « variables de base » selon l'approche originale de Rogers et les « variables supplémentaires » telles que proposées par la suite (réponses concrètes, actives-engagées, différenciant, etc.). Le « contracting » comme une variante particulière pour engager une relation d'aide peut également figurer à ce niveau.

Au *troisième niveau* se trouvent les interventions spécifiques proposées à différents moments du processus et de tâches dans l'entretien : le questionnement, la confrontation, le processus explicatif. Elles sont complétées par d'autres interventions spécifiques comme l'information et la directive concernant le processus (voir chap. 8.3 et 8.4). Les interventions élémentaires et spécifiques représentent également les composantes pour des interventions plus complexes, comme par exemple dans le registre des interventions comportementales ou cognitives. Pour en donner une illustration : pour aider le client à apprendre la *réévaluation* ou l'*auto-renforcement*, on l'informe de la technique ainsi que de la modélisation technique (décrivant le « rationnel » du renforcement), et par un questionnement concrétisant et approfondissant on personnalise avec lui le principe et les comportements ou cognitions-cibles. Par la suite, on le sollicite à explorer le détail de son problème ou des comportements à modifier, on lui décrit et démontre les nouveaux comportements (modelage) et on lui propose de s'y initier et de les tester (directive à l'action ; jeu de rôle). En parallèle, on lui demandera ce qu'il a vécu dans ses situations problématiques (questionnement, verbalisation empathique), on le suit et on approfondit ce vécu avec lui (verbalisation empathique, processus explicatif, questionnement approfondissant, éventuellement confrontation), et on lui propose enfin d'appliquer ces nouveaux comportements au quotidien via des tâches à domicile.

L'ensemble de ces éléments se retrouvent également dans les composantes du counselling selon Carkhuff, comme les interventions de « personnalisation » ou d'« initiation à l'action » (voir chap. 10). Dans la mesure où ces composantes combinent différentes interventions élémentaires et complexes, comme dans l'« initiation à l'action », elles se situeront à un *cinquième niveau* – au-delà de la dernière flèche.

Il y a encore un autre *cinquième niveau* supplémentaire, superposé, qui comprend les registres d'interventions structuraux et contextuels – comme on les retrouve dans différentes formes de prise en charge – et leur organisation, notamment lors de l'articulation ou coordination entre interventions psychologiques, juridiques ou socio-thérapeutiques (voir Pauls & Reicherts, 2013. Ces interventions ne sont pas développées plus en détail ici, mais s'appuient également sur toute la « hiérarchie » des compétences de counselling telles qu'élaborées dans ce manuel.

Au cours de la *formation* en psychologie ou en couselling, cette structuration des interventions peut servir à des fins didactiques et aider à organiser l'apprentissage des diverses formes d'intervention. En fait, toutes les interventions et leur « niveau » respectif, résumées dans le schéma ci-dessous peuvent être considérés comme *compétences* de l'entretien et du counselling. Les différentes compétences peuvent, en principe, être d'abord acquises à travers des *exercices adéquats* qui répondent aux différents niveaux de complexité et de difficulté, tels que suggérés dans le schéma. Ensuite, les candidats à la formation d'aide, d'entretien et de counselling peuvent s'entraîner lors des *travaux pratiques* (par ex., vignettes de cas, jeux de rôles, petits entretiens en « *micro-teaching* ») et mettre en œuvre les différentes compétences – allant des plus élémentaires au plus complexes – avec leurs premiers clients et sous supervision.

Figure 10. Articulation des différents niveaux d'interventions et compétences

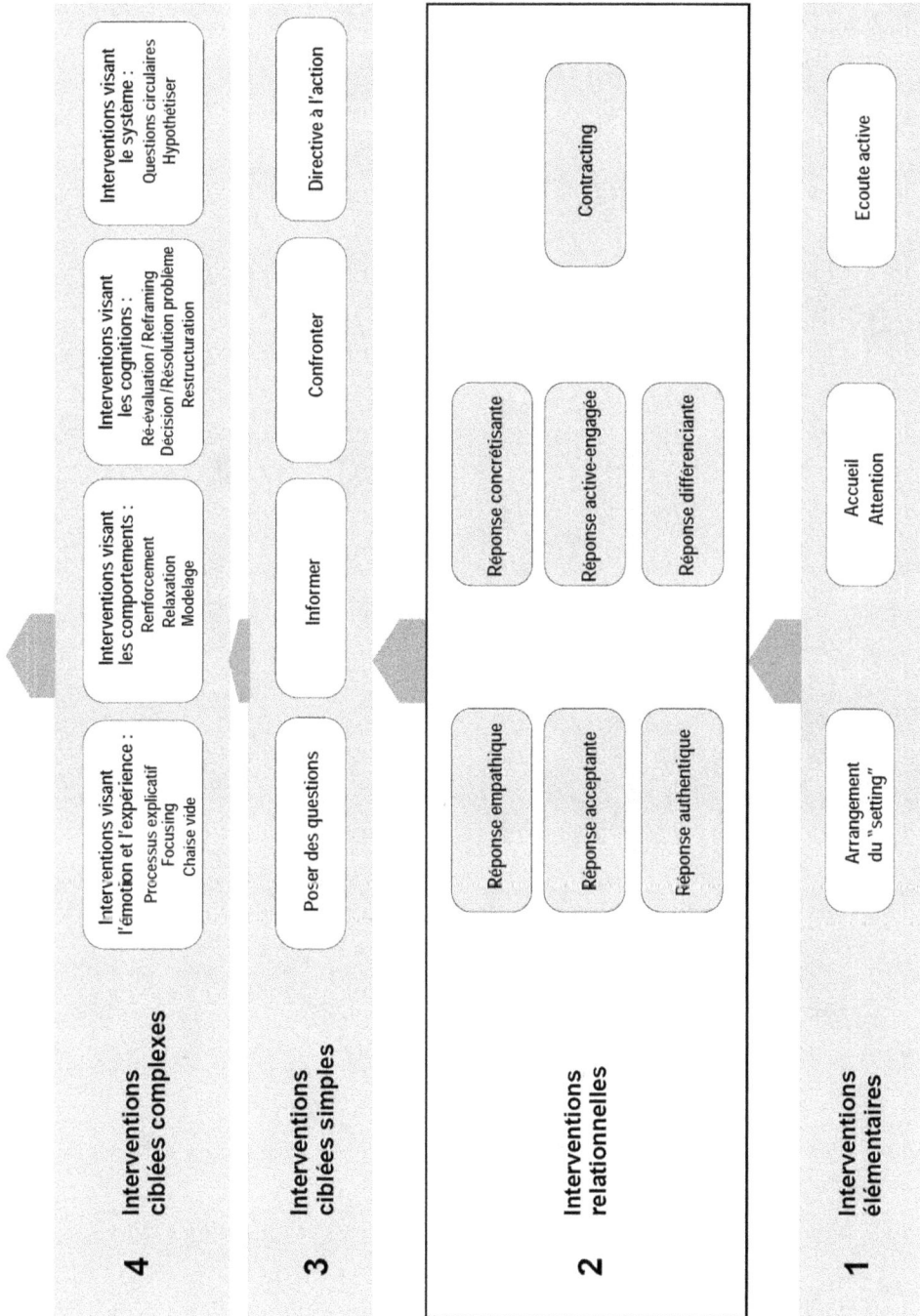

4 Interventions ciblées complexes

- Interventions visant l'émotion et l'expérience : Processus explicatif, Focusing, Chaise vide
- Interventions visant les comportements : Renforcement, Relaxation, Modelage
- Interventions visant les cognitions : Ré-évaluation / Reframing, Décision / Résolution problème, Restructuration
- Interventions visant le système : Questions circulaires, Hypothétiser

3 Interventions ciblées simples

- Poser des questions
- Informer
- Confronter
- Directive à l'action

2 Interventions relationnelles

- Réponse empathique
- Réponse acceptante
- Réponse authentique
- Réponse concrétisante
- Réponse active-engagée
- Réponse différenciante
- Contracting

1 Interventions élémentaires

- Arrangement du "setting"
- Accueil, Attention
- Ecoute active

13.   Bibliographie

Ainsworth, M.D.S. (1991). Attachment and other affectional bonds across the life cycle. In C.M. Parkes, J. Stevenson-Hinde, & P. Marris (Eds.), *Attachment across the life cycle* (pp. 33-51). London/New York : Tavistock/ Routledge.

Anderson (1969). Effects of confrontation by high- and low-functioning therapists and high- and low-functioning clients. *Journal of Counseling Psychology, 16,* 299-302.

Auckenthaler, A. (1983). *Klientenzentrierte Psychotherapie mit Paaren.* Stuttgart : Kohlhammer.

Auger, L. (1986). *La démarche émotivo-rationnelle en psychothérapie et relation d'aide : Théorie et pratique.* Deux-Montagnes, Québec : Centre de la Pensée Réaliste (éditeur actuel).

Austin, J.L. (1970). *Quand dire c'est faire.* Paris : Seuil.

Axline, V. (1974). *Play therapy.* New York & Toronto : Random House.

Bandura, A. (1969). *Principles of behavior modification.* New York : Holt, Rinehart & Winston.

Bandura, A. (1977a). *Social learning theory.* Englewood Cliffs : Prentice Hall.

Bandura, A. (1977b). Self-efficacy: Toward a unifying theory of behavioral change. *Psychological Review, 84,* 191-215.

Barrett-Lennard, G.T. (1981). The empathy cycle: Refinement of a nuclear concept. *Journal of Counseling Psychology, 28,* 91-100.

Baumann, U. (1981). Differentielle Therapiestudien und Indikation. In U. Baumann (Hrsg.), *Indikation zur Psychotherapie. Perspektiven für Forschung und Praxis* (S. 99-209). München : Urban & Schwarzenberg.

Beck, A.T., Rush, A.J., Shaw, B.F. & Emery, G. (1979). *Cognitive therapy of depression.* New York : Guilford Press.

Berenson, B.G., Mitchell, K.M. & Laney, R.C. (1968). Level of therapist fonctioning, types of confrontation and type of patient. *Journal of Clinical Psychology, 24,*111-113.

Beutler, L.E., Engle, D., Mohr, D., Daldrup, R.J., Berga, J., Meredith, K. & Merry, W. (1991). Predictors of differential response to cognitive, experiential, and self-directed psychotherapeutic procedures. *Journal of Consulting and Clinical Pschology, 59,* 333-340.

Biermann-Ratjen, E.-M., Eckert, J. & Schwartz, H.J. (2003). *Gesprächspsychotherapie. Verändern durch Verstehen* (9., überarb. u. erw. Aufl.). Stuttgart : Kohlhammer.

Bioy, A. & Maquet, A. (2007). *Se former à la relation d'aide. Concepts, méthodes, applications.* Paris : Dunod.

Blackburn, I.M. & Cottraux, J. (2008). *Psychothérapie cognitive de la dépression* (3ème ed.). Issy-les-Moulineaux : Elsevier Masson.

Blanchet, A. (1987). *Interviewer*. In A. Blanchet, R. Ghiglione, J. Massonnat, A. Trognon (Eds.), *Les techniques d'enquête en sciences sociales* (pp. 83-126). Paris : Dunod.

Bohart, A.C., Elliott, R., Greenberg, L.S., & Watson, J.C. (2002). Empathy redux: The efficacy of therapist empathy. In J. Norcross (Ed.), *Psychotherapy relationships that work*. New York : Oxford University Press.

Bohart, G. & Greenberg, L.S. (Eds.) (1997). *Empathy reconsidered. New directions in psychotherapy*. Washington D.C. : APA.

Bommert, H. (1987). *Grundlagen der Gesprächspsychotherapie. Theorie – Praxis – Forschung* (4. veränderte und ergänzte Aufl.). Stuttgart : Kohlhammer.

Bouton, M.E., Mineka, S.E. & Barlow, D. (2001). A modern learning theory perspective on the etiology of panic disorder. *Psychological Review, 108*(1), 4-32.

Bowlby, J. (1969). *Attachment and loss. Vol. 1: Attachment*. New York : Basic Books.

Bowlby, J. (1978). *Attachement et perte. Vol. 1, L'attachement*. Paris : Presses Universitaires.

Bunge, M. (1985). *Philosophy of science end technology, Part II: Life sciences, social science and technology*. Dordrecht : Reidel.

Campbell, K. (1988). *Empathy: Reconceptualization and development of a measure*. Unpublished honour thesis, York University, Toronto.

Carkhuff, R.R. (1969). *Helping and human relations* (Vol. 1 and 2). New York : Holt, Rinehart & Winston.

Carkhuff, R.R. (2009). *The art of helping* (9th ed.). Amherst, MA : Possibilities Publishing.

Carkhuff, R.R., & Anthony, W.A. (1979). *The skills of helping : An introduction to counselling*. Amherst, MA : Human Resource Development Press.

Carruzzo, E., Zimmermann, G., Zufferey, C., Monnat, M., Rougemont-Buecking, A., Besson, J., & Despland, J.-N. (2009). L'entretien motivationnel, une nouvelle panacée dans la prise en charge des conduites de consommation de substances psychoactives ? Une revue de littérature. *Pratiques Psychologiques, 15*(4), 405-413.

Chambless, D. & Hollon, S.D. (1998). Defining empirically supported therapies. *Journal of Consulting and Clinical Psychology, 66*, 7-18.

Cormier, L.S. & Hackney, H. (1987). *The Professional Counselor: A Process Guide to Helping*. Englewood Cliffs, N.J. : Prentice-Hall.

Cottraux, J. (2011). *Les thérapies comportementales et cognitives* (5e éd.). Issy-les-Moulineaux : Elsevier Masson.

Cottraux, J. (éd.) (2014). *Thérapie cognitive et émotions. La troisième vague* (2e éd.). Issy-les-Moulineaux : Elsevier Masson.

Defago, L. (2006). *Les « processus explicatifs » en thérapie centre sur la personne chez des « thérapeutes » de différents niveaux d'expérience. Une analyse expérimentale des interventions et de leurs implications cognitives et affectives*. Thèse de Doctorat, Université de Fribourg (publiée sur www.ethesis.unifr.ch).

Defago, L. & Reicherts, M. (2007). Qualité et perception des interventions de thérapeutes de différents niveaux d'expérience en thérapie centrée sur la personne : une étude expérimentale. In : M. Grossen (Ed.), *Interaction et pensée : perspectives dialogiques* (pp. 141-146). Lausanne : Université, Institut de Psychologie.

Dollard, J. & Miller, N.E. (1950). *Personality and psychotherapy. An analysis in terms of learning, thinking, and culture.* New York: McGraw Hill.

D'Zurilla T.J. & Chang, E.C. (1995). The Relations between social problem solving and soping. *Cognition and Therapy Research,* 19, 547-562.

D'Zurilla T.J & Goldfried, M.R. (1971). Problem solving and behavior modification. *Journal of Abnormal Psychology, 78,* 107-126.

Eckert, J. (1974). *Prozesse in der Psychotherapie.* Unveröffentlichte Dissertation, Universität Hamburg.

Eckert, J. (1995). Wie effektiv ist die Gesprächspsychotherapie wirklich? Über die Bedeutung des Faktors Zeit in der Gesprächspsychotherapie. In J. Eckert (Hrsg.), *Forschung zur Klientenzentrierten Psychotherapie. Aktuelle Ansätze und Ergebnisse* (S.185-192). Köln : GwG.

Eckert, J. & Biermann-Ratjen, E.-M. (1985). *Stationäre Gruppenpsychotherapie. Prozesse-Effekte-Vergleiche.* Berlin : Springer.

Eckert, J. & Wuchner, M. (1994). Frequenz-Dauer-Setting in der Gesprächspsychotherapie heute. Teil 1: Einzeltherapie bei Erwachsenen. *GwG Zeitschrift, 95,* 17-20.

Eckert, J., Biermann, E.-M. & Wuchner, M. (2000). Die langfristigen Veränderungen der Borderline-Symptomatik bei Patienten nach klientenzentrierter Gruppenpsychotherapie. *Psychotherapie, Psychosomatik, Medizinische Psychologie, 50,* 140-146.

Eckert, J., Biermann-Ratjen, E.-M. & Höger, D. (Hrsg.) (2006). *Gesprächspsychotherapie. Lehrbuch für die Praxis.* Heidelberg : Springer.

Eckert, J., Biermann, E.-M., Tönnies, S. & Wagner, W. (1981). Heilfaktoren in der Gruppenpsychotherapie. Empirische Untersuchungen über wirksame Faktoren im Gruppenpsychotherapeutischen Prozess. *Gruppenpsychotherapie und Gruppendynamik, 17,* 142-162.

Elliott, R. (1996). Are client-centered/experiential therapies effective? A meta-analysis of outcome reserach. In U. Esser, H. Pabst, G.-W. Speierer (eds.), *The power of the person-centered apporach. New challenges, perspectives, approaches* (pp. 125-137). Köln: GwG.

Elliott, R. & Greenberg, L.S. (2002). Process-experiential psychotherapy. In D.J. Cain & J. Seeman (Eds.), *Humanistic psychotherapies. Handbook of research and practice* (pp. 279-306). Washington D.C. : APA.

Elliott, R., Greenberg, L. & Lietaer, G. (2004). Research on experiential psychotherapies. In M. Lambert (ed.), *Psychotherapy and Behavior change* (5th edition) (pp. 493-539). New York : Wiley.

Elliott, R., Watson, J.C., Goldman, R.N. & Greenberg, L. (2004). *Learning emotion-focused therapy. The process-experiential approach to change.* Washington, DC: American Psychological Association.

Elliott, R., Clark, C., Kemeny, V., Wexler, M.M., Mack, C. & Brinkerhoff, J. (1990). The impact of experiential therapy on depression: The first ten cases. In G. Lietaer, J. Rombauts & R. van Balen (Eds.), *Client-centered and experiential psychotherapy in the nineties* (pp. 549-577). Leuven : University Press.

Finke, J. (2002). Der Kampf um Anerkennung. Die Geschichte der öffentlich-rechtlichen Etablierung der Gesprächspsychotherapie in Deutschland. *Person, 2,* 71-72.

Fuhr, R., Sreckovic, M. & Gremmler-Fuhr, M. (Hrsg.) (1999). *Handbuch der Gestalttherapie.* Göttingen : Hogrefe.

Gendlin, E.T. (1981). *Focusing* (2nd ed.). New York : Bantam Books.

Gendlin, E.T. (2006). *Focusing – au centre de soi.* Montréal : Editions de l'Homme.

Goldman, R. (1991). *The validation of the experiential therapy adherence measure.* Unpublished master thesis, York University, Toronto.

Gordon, Th. (1970). *Parent effectiveness training.* New York : Wyden.

Gordon, Th. (1997). *Parents efficaces au quotidien.* Paris : Marabout.

Grawe, K., Caspar, F. & Ambühl, H. (1990). Differentielle Therapieforschung: Vier Therapieformen im Vergleich. *Zeitschrift für Klinische Psychologie, 19,* 287-376.

Grawe, K., Donati, R. & Bernauer, F. (1994). *Psychotherapie im Wandel. Von der Konfession zur Profession.* Göttingen : Hogrefe.

Greenberg, L.S. (1984). A task analysis of intrapersonal conflict resolution. In L. Rice & L. Greenberg (Eds.), *Patterns of change.* New York : Guilford.

Greenberg, L.S. (2007). *Emotion-focused therapy : Coaching clients to work through feelings.* Washington, D.C. : American Psychological Association.

Greenberg, L.S. & Elliot, R. (1997). Varieties of empathic responding. In G. Bohart & L.S. Greenberg (Eds.), *Empathy reconsidered. New directions in psychotherapy* (pp.167-186). Washington, D.C. : APA.

Greenberg, L.S. & Paivio, S. (1997). *Working with the emotions in psychotherapy.* New York: Guilford Press.

Greenberg, L., Elliott, R. & Lietaer, G. (1994). Research on experiential psychotherapies. In A.E. Bergin & S.L. Garfield (Eds.), *Handbook of psychotherapy and behavior change* (4th ed.) (pp. 509-539). New York : Wiley.

Greenberg, L.S., Rice, L. & Elliott, R. (1993). *Facilitating emotional change. The moment-to-moment process.* New York : Guilford.

Grossmann, K.E. & Grossmann, K. (1994). Bindungstheoretische Grundlagen psychologisch sicherer und unsicherer Entwicklung. *GwG-Zeitschrift, 96,* 26-41.

Heekerens, P. (1985). Effektivität Klientenzentrierter Familientherapie. *Zeitschrift für personenzentrierte Psychologie und Psychotherapie, 4,* 53-70.

Helm, J. (1980). *Gesprächspsychotherapie. Forschung-Praxis-Ausbildung.* Darmstadt : Steinkopff.

Hermier, M. (2013). *L'écoute centrée sur la personne – Principes et pratique en relation d'aide.* Lyon : Chronique sociale.

Höder, J., Tausch, R. & Weber, A. (1979). Die Qualität der Schülerbeiträge im Unterricht und ihr Zusammenhang mit personenzentrierten Haltungen ihrer Lehrer. *Zeitschrift für Entwicklungspsychologie und Pädagogische Psychologie, 11,* 101-112.

Höger, D. (1995). Unterschiede in den Beziehungserwartungen von Klienten. Überlegungen und Ergebnisse zu einem bindungstheoretisch begründeten und empathie-bestimmten differentiellen Vorgehen in der Klientenzentrierten Psychotherapie. *GwG-Zeitschrift, 100,* 47-54.

Holland, J. G., & Skinner, B. F. (1961). *The analysis of behavior.* New York : McGraw-Hill.

Horsten, A.J. & Minsel, W.R. (1987). Präventive Familienarbeit im Überblick. *Zeitschrift für personenzentrierte Psychologie und Psychotherapie, 6,* 133-140.

Horvath, A.O., & Symonds, B.D. (1991). Relation between working alliance and outcome in psychotherapy: A meta-analysis. *Journal of Counseling Psychology, 38,* 139-149.

Huber, W. (2000). *Les psychothérapies. Quelle thérapie pour quel patient ?* Paris : Nathan.

Jacobson, E. (1980). *Savoir relaxer.* Montréal : Editions de l'homme.

Janisch, W. (2001). Spezifische Settings und Zielgruppen. In P. Frenzel, W. Keil, W. Schmid und N. Stoelzl (Hrsg.), *Klienten-/Person-zentrierte Psychotherapie. Kontexte, Konzepte, Konkretisierungen* (pp. 324-344). Wien : Facultas Verlag.

Johnson, S.M. & Talitman, E. (1997). Predictors of outcome in emotionnally focused marital therapy. *Journal of Marital and Family Therapy, 23,* 135-152.

Jones, S. K., Kanfer, R., & Lanyon, R. I. (1982). Skill training with alcoholics: A clinical extension. *Addictive Behaviors, 7,* 285-290.

Kanfer, F.H. & Busemeyer, J.R. (1982). The use of problem-solving and decision-making in behaviour therapy. *Clinical Psychology Review, 2,* 239-266.

Kanfer, F.H. & Saslow, G. (1965). Behavioral analysis: an alternative to diagnostic classification. *Archives of General Psychiatry, 12,* 529-538.

Kobak, R.R. & Sceery, A. (1988). Attachment in late adolescence: working models, affect regulation, and representation of self and others. *Child Development, 59,* 135-146.

Lafleur, Ch. & Séguin, M. (2008). *Intervenir en situation de crise suicidaire.* Québéc : Les Presses de l'Université Laval.

Lambert, M. J. (2004). *Bergin and Garfield's Handbook of psychotherapy and Behavior Change* (5th ed.). Wiley : John Wiley & Sons.

Lazarus, R.S. (1991). *Emotion and adaptation.* New York : Oxford University Press.

Lewinsohn, P., Munoz, R., Youngren, M., & Zeiss, A. (1978). *Control your depression.* Englewood Cliffs N.J. : Prentice-Hall.

Lietaer, G. (1992). Von „nicht-direktiv" zu „erfahrungsorientiert": Über die zentrale Bedeutung eines Kernkonzeptes. In R. Sachse, G. Lietaer, G. & W.B. Stiles, *Neue Handlungskonzepte der Klientenzentrierten Psychotherapie* (S. 11-22). Heidelberg : Asanger.

Lietaer, G. & Keil, W. (2002). Klientenzentrierte Gruppenpsychotherapie. In W. Keil & G. Stumm (Hrsg.), *Die vielen Gesichter der Personenzentrierten Psychotherapie* (pp. 295-317). Wien : Springer.

Linehan, M.M. (2000). *Traitement cognitivo-comportemental du trouble de personnalité état-limite.* Genève : Médecine et Hygiène.

Luderer, H.J., Anders, M. & Böcker, F. (1994). Empathie, Akzeptanz und Transparenz in Informationsgruppen für Patienten mit Schizophrenien und deren Angehörige. In L. Teusch, J. Finke & M. Gastpar (Hrsg.) (1994). *Gesprächspsychotherapie bei schweren psychiatrischen Störungen. Neue Konzepte und Anwendungsfelder* (pp.66-70). Heidelberg: Asanger.

Martin, D.G. (1972). *Learning-based client-centered therapy.* Monterey, California : Brooks/Cole.

Miller, W. R., Rollnick, S. (2006). *L'entretien motivationnel. Aider la personne à engager le changement.* Paris : InterEditions-Dunod.

Minsel, W.R., Langer, I., Peters, U. & Tausch, R. (1973). Bedeutsame weitere Variablen des Psychotherapeutenverhaltens. *Zeitschrift für Klinische Psychologie, 2,* 197-210.

Montini Lirgg P. (2005). *Interventions «approfondissantes» lors d'un entretien initial: une étude expérimentale et analogue de différentes formes d'intervention.* Thèse de Doctorat, Université de Fribourg (publiée sur www.ethesis.unifr.ch).

Morin, Ch., Briand, C. & Lalonde, P. (1999). De la symptomatologie à la résolution de problèmes : approche intégrée pour les personnes atteintes de schizophrénie. *Santé mentale au Québec, 24* (1), p. 101-120.

Mowrer, O.H. (1960). *Lerning theory and behaviour.* New York: Wiley.

Orlinsky, D.E. (2009). The "generic model of psychotherapy" after 25 years: evolution of a research-based metatheory. *Journal of Psychotherapy Integration, 19,* 319-339.

Orlinsky, D.E. & Howard, K.I. (1986). Process and outcome in psychotherapy. In S.L. Garfield & A.E. Bergin (Eds.), *Handbook of psychotherapy and behavior change (3rd ed.)* (pp. 311-381). New York : Wiley.

Orlinsky, D.E. & Howard, K.I. (1987). A generic model of psychotherapy. *Journal of Integrative and Eclectic Psychotherapy, 6,* 6-27.

Orlinsky, D.E., Grawe, K., & Parks, B.K. (1994). Process and outcome in psychotherapy. In S.L. Garfield & A.E. Bergin (Eds.), *Handbook of psychotherapy and behavior change* (3rd ed., pp. 311-384). New York : Wiley.

Paivio, S.C. & Greenberg, L.S. (1995). Resolving "unfinished business": Efficacy of experiential therapy using empty-chair dialogue. *Journal of Consulting and Clinical Psychology, 63,* 419-425.

Paivio, S.C. & Nieuwenhuis, J.A. (2001). Efficacy of emotion focused therapy for adult survivors of child abuse: A premiminary study. *Journal of Traumatic Stress, 14,* 115-133.

Patterson, C. H. (1967). *The counselor in the school: Selected readings.* New York : McGraw-Hill.

Pauls, H. (2011). *Klinische Sozialarbeit. Grundlagen und Methoden psycho-sozialer Behandlung* (2. überarbeitete Aufl.). Weinheim : Juventa.

Pauls & Reicherts (1999). Empirische Forschung in der Gestalttherapie am Beispiel eines praxisorientierten Forschungsprojektes. In R. Fuhr, M. Sreckovic & M. Gremmler-Fuhr (Hrsg.), *Handbuch der Gestalttherapie* (S. 1137-1160). Göttingen : Hogrefe.

Pauls, H. & Reicherts, M. (2012). *Zielorientierung und Zielerreichungsanalyse in der psycho-sozialen Fallarbeit. Eine Arbeitshilfe für Beratung, Soziale Arbeit, Sozio- und Psychotherapie* (2. Aufl.). Weitramsdorf : ZKS-Verlag.

Pauls, H. & Reicherts, M. (2013). Allgemeine Basiskompetenzen für sozialtherapeutische Beratung – ein Konzept zur Systematisierung. In H. Pauls, P. Stockmann & M. Reicherts (Hrsg.), *Beratungskompetenzen für die psychosoziale Fallarbeit. Ein sozialtherapeutisches Profil* (S. 57-78). Freiburg i.Br. : Lambertus.

Pavel, F.G. (1978). *Die klientenzentrierte Psychotherapie. Entwicklung – gegenwärtiger Stand – Fallbeispiele.* München : Pfeiffer.

Perls, F., Hefferline, R., & Goodman, P. (1951) *Gestalt Therapy: Excitement and growth in the human personality.* New York, NY : Julian

Perls, F., Hefferline, R. & Goodman, P. (1979). *Gestalt-thérapie. Vers une théorie du Self : nouveauté, excitation et croissance.* Paris : Stanké.

Perrez, M. (1975). Gesprächspsychotherapie als Therapie internal motivierter Konflikte. In Gesellschaft für wissenschaftliche Gesprächspsychotherapie (Hrsg.), *Die klientenzentrierte Gesprächspsychotherapie* (S. 86-97). München : Kindler.

Perrez, M. (1982). Ziele der Psychotherapie. In R. Bastine, P.A. Fiedler, K. Grawe, S. Schmidtchen & G. Sommer (Hrsg.), *Grundbegriffe der Psychotherapie* (S.459-463). Weinheim : Edition Psychologie.

Perrez, M. (1983). Wissenschaftstheoretische Probleme der Klinischen Psychologie. Zum Stand ihrer metatheoretischen Diskussion. In W.R. Minsel & R. Scheller (Hrsg.), *Forschungskonzepte der Klinischen Psychologie* (S. 148-163). München : Kösel.

Perrez, M. (2011). Wissenschaftstheoretische Grundlagen: Klinisch-psychologische Intervention. In M. Perrez & U. Baumann (Eds.), *Lehrbuch Klinische Psychologie – Psychotherapie* (pp. 68-88). Bern : Huber.

Perrez, M. & Baumann, U. (Hrsg.) (2011). *Lehrbuch klinische Psychologie – Psychotherapie* (4., aktual. Aufl.). Bern : Huber.

Perrez, M. & Baumann, U. (2011). Systematik der klinisch-psychologischen Intervention. In U. Baumann & M. Perrez (Hrsg.), *Lehrbuch Klinische Psychologie – Psychotherapie* (pp. 341-351). Bern : Huber.

Perrez, M. & Patry, J.-L. (1982). Nomologisches Wissen, technologisches Wissen, Tatsachenwissen – drei Ziele sozialwissenschaftlicher Forschung. In J.-L. Patry (Hrsg.), *Feldforschung* (pp. 389-412). Bern : Huber.

Perrez, M., Minsel, B. & Wimmer, H. (1985). *Was Eltern wissen sollten. Eine psychologische Schule für Eltern, Lehrer und Erzieher.* Salzburg : Otto Müller.

Platt, J. J., Prout, M. F., & Metzger, D. S. (1986). Interpersonal problem-solving therapy. In W. Dryden & W. Golden (eds.), *Cognitive behavioral approaches to psychology* (pp. 261-289). London : Harper & Row,

Pomrehn, G., Tausch, R. & Tönnies, S. (1986). Personzentrierte Gruppenpsychotherapie: Prozesse und Auswirkungen nach 1 Jahr bei 87 Klienten. *Zeitschrift für Personzentrierte Psychologie und Psychotherapie, 5,* 19-31.

Power, M. & Brewin, C.R. (Eds.) (1997). *The transformation of meaning in psychological therapies*. New York: Wiley.

Power, M. & Dalgleish, T. (1999). Two routes to emotion: some implications of multi-level theories of emotion for therapeutic processes. *Behavioural and Cognitive Psychotherapy, 27,* 129-141.

Prochaska, J.O., Norcross, J. & DiClemente, C.C. (1994). *Changing for good.* New York : Avon Books.

Radebold, H. (Hrsg.) (1983). *Gruppenpsychotherapie im Alter*. Göttingen : Hogrefe.

Reicherts, M. (1999). *Comment gérer le stress. Le concept des règles cognitivo-comportementales*. Fribourg : Editions Universitaires.

Reicherts, M. & Montini, P. (2006). Effekte vertiefender Interventionen beim Erstkontakt – eine experimentelle Analogstudie verschiedener Interventionsformen. In R. Sachse (Hrsg.), *Perspektiven klärungsorientierter Psychotherapie* (pp. 207-227). Lengerich : Pabst.

Reicherts, M. & Pauls, H. (1983). Kognitive Aspekte des Erlebens. Theoretische und empirische Untersuchungen zur Weiterführung des Wexler-Ansatzes in der klientzentrierten Gesprächspsychotherapie. *Zeitschrift für personenzentrierte* Psychologie und Psychotherapie, 2, 101-118.

Reicherts, M. & Pauls, H. (2013). Emotions- und Erlebensorientierung. In H. Pauls, P. Stockmann & M. Reicherts (Hrsg.), *Beratungskompetenzen für die psychosoziale Fallarbeit. Ein sozialtherapeutisches Profil* (S 79-100). Freiburg i.Br. : Lambertus.

Reicherts, M. & Pauls, H. (en prep.). L'analyse des buts à atteindre (EBA) – une méthode pour analyser le cas individuel. In M. Reicherts & Ph.A. Genoud (éds.), *L'analyse de cas singulier dans la pratique et la recherché psycho-sociales*. Weitramsdorf/Coburg : Edition ZKS.

Reicherts, M. & Perrez, M. (1992). Adequate coping behavior: The behavior rules approach. In M. Perrez & M. Reicherts (Eds.), *Stress, coping, and health* (pp. 161-177). Seattle : Hogrefe & Huber Publishers.

Reicherts, M. & Wittig, R. (1984). Zur Veränderung des emotionalen Erlebens in der klientenzentrierten Psychotherapie – Eine Einzelfalldarstellung mit einem neuen Untersuchungsansatz. *Zeitschrift für personenzentrierte Psychologie und Psychotherapie, 3,* 233-250.

Reicherts, M., Genoud, Ph.A. & Zimmermann, G. (éds.) (2012). *L'« Ouverture émotionnelle ». Une nouvelle approche du vécu et du traitement émotionnels.* Bruxelles : Mardaga.

Reicherts, M., Pauls, H., Rossier, L. & S. Haymoz (2012). L'Ouverture émotionnelle dans les interventions psychologiques. Bases conceptuelles et éléments pratiques. In M. Reicherts, Ph.A. Genoud & G. Zimmermann (éds.), *L'« Ouverture émotionnelle ». Une nouvelle approche du vécu et du traitement émotionnels* (pp. 217-244). Bruxelles : Mardaga.

Rice, L.N. & Greenberg, L.S. (1990). Fundamental dimensions in experiential therapy. New directions in research. In G. Lietaer, J. Rombauts & R. Van Balen (Eds.), *Client-centered and experiential psychotherapy in the nineties.* (pp. 397-414). Leuven : Leuven University Press.

Rice, L.N. & Saperia, E.P. (1984). Task analysis and the resolution of problematic reactions In L.N. Rice & L.S. Greenberg (Eds.), *Patterns of change.* New York : Guilford.

Rogers, C.R. (1942). *Counselling and psychotherapy. Newer concepts in practice.* Boston : Houghton Mifflin.

Rogers, C.R. (1951). *Client-centred therapy. Its current practice, implications, and theory.* Boston : Houghton Mifflin.

Rogers, C.R. (1957). The necessary and sufficient conditions of therapeutic personality change. *Journal of Consulting Psychology, 21,* 95-103.

Rogers, C.R. (1959). A theory of therapy, personality, and interpersonal relationships, as developed in the client-centered framework. In S. Koch (Ed.), *Psychology. A study of a science.* Vol. III: Formulations of the person and the social context (pp. 184-256). New York : McGraw Hill.

Rogers, C.R. (1961). *On becoming a person. A therapists's view of psychotherapy.* Boston : Houghton Mifflin.

Rogers, C.R. (1970). *Carl Rogers on encounter groups.* New York: Harper & Row.

Rogers, C.R. (2005). *Le développement de la personne.* Paris: Dunod. (trad. On becoming a person, 1961).

Rogers, C.R. (2008). *La relation d'aide et la psychothérapie.* Issy-les-Moulineaux: ESF éditeur. (trad. Counselling and psychotherapy, 1942).

Sachse, R. (1987). Die therapeutische Beziehung in der klientenzentrierten Psychotherapie bei interaktionellen Zielen und Interaktionsproblemen des Klienten. *Zeitschrift für Klinische Psychologie, Psychopathologie und Psychotherapie, 35,* 219-230.

Sachse, R. (1992). *Zielorientierte Gesprächspsychotherapie.* Göttingen : Hogrefe.

Sachse, R. (1996). *Praxis der Zielorientierten Gesprächspsychotherapie.* Göttingen : Hogrefe.

Sachse, R. (1997). *Persönlichkeitsstörungen. Interaktionsstörungen im Therapieprozess.* Göttingen : Hogrefe.

Sachse, R. (1999). *Lehrbuch der Gesprächspsychotherapie.* Göttingen : Hogrefe.

Sachse, R. & Elliott, R. (2002). Process-outcome reserach in client-centered and experiential research. In D.J. Cain & J. Seeman (Eds.), *Humanistic psychotherapies: Handbook of research and practice* (pp. 83-116). Washington, D.C. : APA Publications.

Sachse, R. & Neumann, W. (1986). Prognostische Indikation zum Focusing aufgrund von Selbstexploration und Selbsterleben von Klienten in klientenzentrierter Psychotherapie. *Zeitschrift für personzentrierte Psychologie und Psychotherapie, 5,* 79-85.

Sachse, R. & Schlebusch, P. (Hrsg.) (2006). *Perspektiven Klärungsorientierter Psychotherapie.* Lengerich : Pabst.

Sachse, R., Atrops, A., Wilke, F. & Maus, C. (1992). *Focusing.* Bern : Huber.

Sachse, R., Fasbernder, J., Breil, J. & Püschel, O. (Hrsg.) (2009). *Grundlagen und Konzepte Klärungsorientierter Psychotherapie.* Göttingen : Hogrefe.

Sander, K., Tausch, R., Bastine, R. & Nagel, K. (1969). Experimentelle Änderung des Psychotherapeutenverhaltens in psychotherapeutischen Gesprächen und Auswirkungen auf Klienten. *Zeitschrift für experimentelle und angewandte Psychologie, 16,* 334-344.

Scherer, K. R., & Schorr, A., & Johnstone, T. (Ed.). (2001). *Appraisal processes in emotion : theory, methods, research.* Canary, NC : Oxford University Press.

Schmidtchen, S. (1989). *Kinderpsychotherapie. Grundlagen, Ziele, Methoden.* Stuttgart : Kohlhammer.

Schmidtchen, S., Speierer, G.-W. & Linster, H. (1995). *Die Entwicklung der Person und ihre Störung, Bd.2: Theorien und Ergebnisse zur Grundlegung einer klientenzentrierten Krankheitslehre.* Köln : GwG.

Schwab, R. & Eckert, J. (2001). Klientenzentrierte Gruppenpsychotherapie. *Psychotherapie im Dialog, 2,* 59-62.

Schwartz, H.J. (1975). *Zur Prozessforschung in klientenzentrierter Psychotherapie.* Unveröffentlichte Dissertation, Universität Hamburg.

Schwartz, H.J., Eckert, J., Babel, M. & Langer, I. (1978). Prozessmerkmale in psychotherapeutischen Anfangsgesprächen. *Zeitschrift für Klinische Psychologie, 7,* 65-71.

Searle, J.R. (1972). *Les actes de langage.* Paris : Herrmann.

Searle, J.R. (1979). *Sens et expression, étude de théorie des actes du langage.* Paris : Ed. de Minuit.

Seewald, C. (1988). Der personzentrierte Ansatz in der Management-Entwicklung: Was können wir tun, um morgen erfolgreich zu sein. In Gesellschaft für wissenschaftliche Gesprächspsychotherapie (Hrsg.), *Orientierung an der Person,* Bd. 2: Jenseits von Psychotherapie (S. 235-242). Köln : GwG.

Skinner, B.F. (1971). *L'analyse expérimentale du comportement.* Bruxelles : Dessart.

Speierer, G.-W. (1994). *Das differentielle Inkongruenzmodell (DIM). Handbuch der Gesprächspsychotherapie als Inkongruenzbehandlung.* Heidelberg : Asanger.

Speierer, G.-W. (1995a). Psychopathologie nach dem Differentiellen Inkongruenzmodell der klientenzentrierten Psychotherapie. In S. Schmidtchen, G.-W. Speierer & H. Linster (Hrsg.), *Die Entwicklung der Person und ihre Störung (Bd. 2)* (S. 117-138). Köln : GwG-Verlag.

Speierer, G.-W. (1995b). Therapeutische Verhaltensweisen in der Gesprächspsychotherapie heute. *GwG-Zeitschrift, 99,* 33-41.

Speierer, G.-W. (2002). Qualitätskontrolle und Prozessevaluation in der personzentrierten Selbsterfahrungsgruppe: Empirische Ergebnisse. *Person, 1*, 65-76.

Swildens, H. (1991). *Prozessorientierte Gesprächspsychotherapie.* Einführung in die differenzielle Anwendung des klientenzentrierten Ansatzes bei der Behandlung psychischer Erkrankungen. Köln : GwG-Verlag.

Tausch, R. (1973). *Gesprächspsychotherapie.* Göttingen : Hogrefe.

Tausch, R. & Tausch, A.M. (1990). *Gesprächspsychotherapie. Hilfreiche Gruppen- und Einzelgespräche in Psychotherapie und alltäglichem Leben* (9. erg. Aufl.). Göttingen : Hogrefe.

Teusch, L. & Böhme, H. (1999). Is the exposure principle really crucial in agoraphobia? The influence of client-centered "nonprescriptive" treatment on exposure. *Psychotherapy Research, 9*, 115-123.

Teusch, L., Böhme, H. & Gastpar, M. (1997). The benefit of an insight oriented and experiential approach on panic and agoraphobia symptoms: Results of a controlled comparison of client-centered therapy and a combination with behavioral exposure. *Psychotherapy and Psychosomatics, 66*, 293-301.

Tönnies, S.E. (1982). *Inventar zur Selbstkommunikation für Erwachsene (ISE). Handanweisung.* Weinheim : Beltz.

Toukmanian, S.G. (1990). A schema-based information processing perspective on client change in experiential psychotherapy. In G. Lietaer, J. Rombauts & R. Van Balen (Eds.), *Client-centered and experiential psychotherapy in the nineties* (pp. 309-326). Leuven : Leuven University Press.

Truax, Ch.B. (1961a). A scale for the measurement of accurate empathy. *The Psychiatric Institute Bulletin 1*, 12, University of Wisconsin.

Truax, Ch.B. (1961b). *A tentative scale for the measurement of depth of intrapersonal exploration.* Wisconsin : University Psychiatric Institute. Discussion Papers.

Truax, Ch.B. (1962a). *A tentative scale for the measurement of depth of therapist genuineness or self-congruence.* Wisconsin: University Psychiatric Institute. Discussion Papers.

Truax, Ch.B. (1962b). *A tentative scale for the measurement of unconditional positive regard.* Wisconsin: University Psychiatric Institute. Discussion Papers.

Truax, Ch.B. (1966). Reinforcement and non-reinforcement in Rogerian psychotherapy. *Journal of Abnormal Psychology, 71*, 1-9.

Truax, Ch.B. & Carkhuff, R.R. (1964). Concreteness, a neglected variable in research in psychotherapy. *Journal of Clinical Psychology, 20*, 264-267.

Truax, Ch.B. & Carkhuff, R.R. (1965). Experimental manipulation of therapeutic conditions. *Journal of Consulting and Clinical Psychology, 29*, 119-124.

Truax, Ch.B. & Mitchell, K.M. (1971). Research on certain therapist interpersonal skills in relation to process and outcome. In A.E. Bergin & S.L. Garfield (eds.), *Psychotherapy and behaviour change* (pp. 299-344). New York: Wiley.

Tscheulin, D. (1990). Confrontation and non-confrontation as differential techniques in differential client-centered therapy. In G. Lietaer, J. Rombauts & R. Van Balen (Eds.), *Client-centered and experiential psychotherapy in the nineties* (pp. 327-336). Leuven : Leuven University Press.

Tscheulin, D. (1992). *Wirkfaktoren psychotherapeutischer Intervention.* Göttingen : Hogrefe.

Tscheulin, D. (1995). Grundlagen und Modellvorstellungen für eine personenzentrierte Krankheitslehre. In S. Schmidtchen, G.-W. Speierer & H. Linster (Hrsg.), *Die Entwicklung der Person und ihre Störung (Bd. 2)* (S. 139-179). Köln : GwG-Verlag.

Tschukke, V. & Greene, L.R. (2002). Group therapists' training: What predicts learning? *International Journal of Group Psychotherapy, 52*, 463-482.

Von Eye, A. (1999). Kognitive Komplexität – Messung und Validität. *Zeitschrift für Differentielle und Diagnostische Psychologie, 20*, 81-96.

Wexler, D.A. (1974). A cognitive theory of experiencing, self-actualization, and therapeutic process. In L.N. Rice & D.A. Wexler (Eds.), *Innovations in client-centered therapy* (pp.49-116). New York : Wiley.

Wolpe, J. (1958). *Psychotherapy by reciprocal inhibition.* Palo Alto, Calif. : Stanford University Press.

Zielke, M. (1979). *Indikation zur Gesprächspsychotherapie.* Stuttgart : Kohlhammer.

www.ingramcontent.com/pod-product-compliance
Lightning Source LLC
Chambersburg PA
CBHW080646270326
41928CB00017B/3208